最初から
ていねいに学ぶ

1分間 風水入門

One-minute tips for introduction to Fusui

石井貴士
Takashi Ishii

太玄社

最初から
ていねいに学ぶ

1分間
風水入門

まえがき

幸せになるのではなく、幸せにしてもらう人が、幸せになれる

「幸せになりたい。でも、どうしたら幸せになれるんだろう」

そう考えたことは、ありませんか？

「幸せになるために、自分が頑張らなければ！」と力んでいる方はとても多いです。「幸せになるために、勉強を頑張ろう」、「幸せになるために、お金を稼ごう」と、日々努力をしている方も、多いはずです。

もちろん、幸せの中には、あなたが頑張って手に入れることができる幸せも存在することは確かです。

大学受験で合格する、試験に合格するといった、独力で成し遂げた結果の幸せも、あることは確かです。

ですが、自分で手に入れた幸せは一瞬で終わってしまうものです。

合格した喜びによって、一日くらいは幸せになれますが、その幸せはすぐに忘れてしまうはずです。

「フェラーリを買ったぞ」と幸せな気分になっても、その気持ちは、長続きしないのと同じです。

子供の笑顔があれば、親はずっと幸せを感じます。

恋人から優しくされたら、あなたはずっと幸せを感じるはずです。

幸せになろうと、あなたが頑張れば頑張るほど、幸せは逃げていきます。

幸せは、あなた以外の何かからもたらされて初めて、手に入るものなのです。

「幸せ＝自分＋自分以外」これが、幸せ方程式だ

方程式にすると、こうなります。

幸せ＝自分＋自分以外（人・環境）

これが、幸せ方程式です。

さらに、パーセンテージで表すと、

幸せ＝自分（1％）＋自分以外（人・環境、99％）

となります。

自分の幸せというのは、1%に過ぎないのです。

それよりも、自分以外の誰か、あるいは周囲の環境によって幸せにしてもらったほうが、あなたは幸せになることができます。

努力して幸せになろうとするのは、努力の方向性が間違っています。

誰かから幸せにしてもらったほうが、簡単で、楽に、幸せになることができるのです。

「何をするか?」ではなく、「誰とするか?」で、幸せは決まる

例えば、次のケースを考えてみてください。

① やりたい仕事をしている。給料も高い。だが、上司が酷い性格で、毎日いじめられている。

② 特に、好きな仕事をしているわけではない。給料も低い。だが、向かいの席の女性が美人で、隣の席の女性も美人で、美人に囲まれて仕事をしている。毎日のように、「今日飲みに行かない？」と美人から誘われ続けている。

この二つならば、後者のほうが幸せを感じるはずです。

では、もう一つのケースを考えてみてください。

① ファーストクラスで、南国旅行をした。だが、大嫌いな上司とずっと一緒だった。

② 近所のラーメン屋に行った。大好きな恋人と一緒だった。

これでも、②のほうがいいのではないでしょうか。

「何をするか？」よりも、「誰とするか？」で、幸せが決まるのです。

幸せは、あなたひとりで、努力をして達成するものではありません。

幸せは、自分以外（人、周囲の環境）によって、もたらされるものです。

では、「周囲の環境」をよりよくするのに最もよいものは、何なのでしょうか。

そう。それが古代中国より伝わる「風水」というわけなのです。

風水を利用するだけで、成功できた！

風水を知ったのは、とある凄腕の占い師さんがきっかけです。

私は、もともと、長野県のテレビ局でアナウンサーをしていました。

とはいえ、仕事がうまくいかずに、落ち込む日々が続きました。

そんな入社四年目のある日、偶然にも、原宿の竹下通りにある「占い館」に、吸い寄せられるように入ったのです。

そこで、占い師さんと、次のようなやり取りをしました。

「私は、今、アナウンサーという自分が好きな仕事をしています。にもかかわらず、成功できていません。何が悪いのでしょうか」

「はい。長野に住んでいるからです」

「え？　継続は力なりと言います。好きな仕事を継続していたら、いつかは成功できるのではないのですか？」

「違います。好きな仕事をしていても、成功する人もいれば、成功しない人もいます。成功するかどうかは、住んでいる場所で決まるんです」

「ちょ、ちょっと待ってください。努力は関係ないのでしょうか」

「はい。残念ながら関係ありません。その人が成功するかどうかは、住んでいる場所で決まります。石井さんは、東京に引っ越してきたら、それだけで大成功します」

「僕は、東京に出てきたら、どうなるのでしょうか」

「はい。東京に引っ越してきたら、ベストセラー作家になれて、ビジネスを起こせば一〇億円は稼ぎます」

その一年後、本当に私は、会社を辞めて、東京に引っ越しました。

すると、その占い師さんの予言どおりになったのです。

風水を使えば、成功できる

二〇〇二年三月三十一日に会社を辞め、東京に引っ越しをしました。

二〇〇三年三月二十八日に、株式会社ココロ・シンデレラを起業しました。

すると、初年度が年商三〇〇〇万円、二年目が年商八〇〇〇万円、三年目には、年商一億六〇〇〇万円へと成長したのです。

ビジネスについて、全くの素人だったにもかかわらず、です。

では、ベストセラー作家にはなれたのかというと、処女作の『オキテ破りの就職活動』（実業之日本社）がアマゾンランキングで一位を獲得。

その後『本当に頭がよくなる1分間勉強法』（KADOKAWA）は、年間ベストセラー一位に輝いたのです（二〇〇九年　ビジネス書　日販調べ）。

二〇二四年現在は、九三本の書籍を執筆・刊行し、累計二三〇万部を突破しています。

風水のとおりに、東京に引っ越してきただけで、成功することができたのです。

もちろん、努力はしました。

ですが、アナウンサー時代の努力に比べれば、大したことはなかったのではないかと思います。

それでいて、年間ベストセラー一位を獲得する作家になれたのですから、風水の力は、ものすごいと言わざるを得ません。

多くの人は、努力をすれば成功できると、疑いなく信じています。

違います。

「成功できる空間」に自分の身を置けば、成功できるのです。

方位を取るだけでも、成功できる

「二〇〇五年六月に、北東方位に事務所を構えてください。そうすれば、売り上げが倍になります」と言われたことがあります。

そこで、地図を見て、自宅から北東に線を引き、徒歩五分のところに事務所を借りました。

当時は、ビジネスが絶好調で、月商五〇〇万円、月商五〇〇万円……と、一年近く続いていた時代です。

正直、無理して引っ越さなくても困ることはありませんでした。しかし、言われたとおりに、六月に北東方向に事務所を構えたところ、なんと六月から、月商一〇〇〇万円、月商一〇〇〇万円……と、一年以上売り上げが倍になったのです。

家賃は一一万円でしたので、毎月一一万円の支出が増えただけで、売り上げが倍増したことになります。

これが、方位の力です。


吉田兼好『徒然草』や、鴨長明『方丈記』には、「方違《かたたが》え」をしているシーンがよく出てきます。

「方違え」というのは、吉方位取りのことです。

「今年は、この方角に行って、三ヶ月間滞在しなさい。そうすれば運気が上がって成功できますよ」というのが、当たり前のように成功法則として信じられていました。

「ふうん。昔の人は、方違えをしていたんだな」と思うだけの人は、普通の人です。

「昔の人は、方違えをして成功した。ならば、現代においても、方違えをするだけで、成功できるのではないか」と思って実際に行動する人が、成功する人です。

人格を変えるのではなく、努力をするのでもなく、**「住んでいる空間」を変えるだけで成功できる**というのが、「風水」の考え方なのです。

人は、家で成功する

成功するかどうかは、場所で決まります。

沖縄に住んで成功する人もいれば、北海道に住んで成功する人もいます。

東京に住んで成功する人もいれば、ハワイに住んで成功する人もいるのです。

まず、方位によって、どこに住むのかという場所を決めていくことが大切です。

「方位取り」に関しては、拙著『1分間九星気学入門』（太玄社）で、詳しく述べました。

「どの場所に住むか」が決まったら、今度は、「どんな家に住むのか」ということが大切になってきます。

成功する間取り、成功する玄関の位置などを確定していくことで、より成功しやすくなります。

この本では、「成功するために、あなたはどんな家に住むべきなのか?」にフォーカスして、お話ししていきます。

基礎知識として必要なのは、易学(周易)です。

易に関しては、すでに拙著『1分間易入門』(パブラボ)で詳しく述べました。

次に、九星気学の知識が、方位取りには不可欠です。

そこで、『1分間九星気学入門』で語りました。

「易学(周易)」→「九星気学」→「風水」の順で勉強するのが、一番わかりやすいと考え、今回、『1分間風水入門』を執筆しました。

もちろん、『1分間易入門』と『1分間九星気学入門』を読んでいなくても理解できる内容にはなっていますが、これらの本を読んでから『1分間風水入門』を読むと、より知識が深まることは、間違いありません。

やっと今回、「風水」についてお伝えできます。

風水について一緒に学んで、一度きりの人生で、もっともっと成功していきましょう。

最初からていねいに学ぶ

1分間風水入門

——目次

序章　風水とは何か

第1章 形勢派風水　住宅編

第2章 形勢派風水　家相編

第3章 易学と九星気学がわかると、理気派がわかる

第4章
「八宅派風水」で、どんな家に住むべきかがわかる

第5章 八宅派風水を使えば、家族が幸せになれる

第6章 陰陽五行説と、家の設備の考え方

第8章 目的別風水術

第9章 すぐにできる！　簡単風水術

序　章

風水とは何か

風水は、四〇〇〇年の歴史がある学問だ

「風水」と命名したのは、郭璞《かくはく》（西暦二七六～三二四年）という人です。

中国の晋の時代の人です。

彼が書いた『葬書』という本の中で、「気は風に乗って散じ、水に界れば則ち止まる。ゆえにこれを風と水、すなわち風

郭璞（276～324）

水という」という記述があったことから、「風水」と命名されたと言われています。

「大地には『気』というエネルギーがあって、何もしないと、風に乗って散ってしまう。水で集めれば、『気』をその場所に留めておくことができる」

ということから、「風水」です。

風水の歴史は、四〇〇〇年とも言われますが、「風水」という名前で呼ばれるようになったのは、四世紀になってからなのです。

風水には、「陽宅風水」と「隠宅風水」がある

風水には、二種類あります。

一つが、陽宅《ようたく》風水です。

陽宅風水とは、住居に関する風水のことです。

陽宅風水と隠宅風水

●陽宅風水

住居に関する風水
→生きている間の風水

●隠宅風水

お墓に関する風水
→死後の風水

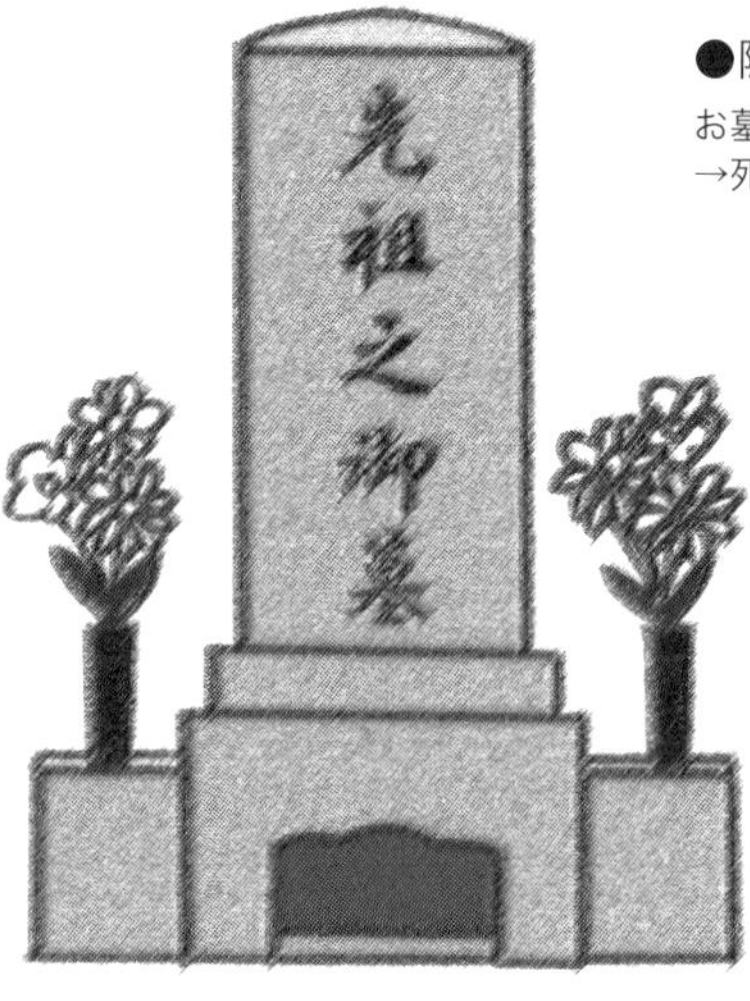

もう一つが、隠宅《いんたく》風水です。

隠宅風水とは、お墓の風水のことです。

生きている間の風水が陽宅風水で、死後の風水が隠宅風水というわけです。

陽宅風水と隠宅風水どちらも大切だと言われますが、この本では、生きている間にあなたに幸せになって欲しいので、陽宅風水についてお話ししたいと考えています。

「四神相応」が、風水の基本だ

中国の風水では、「四神相応《しじんそうおう》」が基本です。

四神とは、東西南北で、それぞれ、青龍《せいりゅう》（東）、白虎《びゃっこ》（西）、朱雀《すざく》（南）、玄武《げんぶ》（北）のことであり、次のような地勢を表しています。

青龍……流水
白虎……長い道
朱雀……池・湖沼
玄武……山・丘

つまり、四神相応とは、東西南北の四方を司る神に応じた最もよい地勢、ということです。

なので、風水的によい家の基本というのは、家の東に川があり、家の西に長い道があり、家の南に池があり、家の北に山がある家のことなのです。

江戸城は、東に隅田川（青龍）、西に東海道（白虎）、南に東京湾（朱雀）、北には上野山（玄武）があるので、江戸幕府は二七〇年も続いたと言われています。

また、住宅においては、玄関がある場所を、朱雀と取る一派が中国には存在します。

玄関が朱雀、玄関の向かい側の位置が玄武、玄関に対して右側が青龍、左側が白虎、というわけです。

風水では、常に、四神相応を頭に入れながら考えていくことで、開運していくことができるのです。

風水には、「形勢派」と「理気派」の二つの流派が存在する

風水には、二つの流派が存在します。

一つは、形勢派《けいせいは》です。

形勢派というのは、別名「巒頭派《らんとうは》」と呼ばれます。

中国の江西省を中心に発展したことから「江西派《こうせいは》」とも呼ばれています。

形勢派は、地形を読む風水の流派です。

四神相応も、形勢派の考え方です。

形勢派は、地形から吉凶を判断するので、万人にとって、どんな風水的な地形がいいのかがわかります。

いっぽう、理気派《りきは》は、陰陽五行説《いんようごぎょう》（木《もく》・火《か》・土《ど》・金《ごん》・水《すい》）を使った占いです。「理（原理）」によって、「気」の流れを算出していくことから、理気派と言われます。中国の福建省を中心に発達したことから、「福建派《ふっけんは》」とも呼ばれます。

その人の九星[註1]（一白水星《いっぱくすいせい》〜九紫火星《きゅうしかせい》）にとって、どんな家がいいのかを算出していく技法です。

註1　一白水星、二黒土星、三碧木星、四緑木星、五黄土星、六白金星、七赤金星、八白土星、九紫火星の九つの星を指す。
風水では、生まれ年によって自身の九星（本命星）が決められており、性格や運気、方位の吉凶を知る際に必要な要素の一つ。

たとえば二黒土星《じこくどせい》の人にとってはよい家でも、三碧木星《さんぺきもくせい》の人にとってはよくない家だということになることもあります。

その人にとって、一番運気をもたらす家を作っていくのが理気派です。

この本の中では、前半では、形勢派の風水をお伝えし、後半では、理気派の風水をお伝えしていきます。楽しみにしていてくださいね。

この章のおさらい

●風水には、生きている間の住居に関する「陽宅風水」と、死後のお墓に関する「隠宅風水」がある。

●風水の基本である「四神相応」とは、東の「青龍」、西の「白虎」、南の「朱雀」、北の「玄武」の四神が司る、最もよい地勢のことである。

●風水には、地形から吉凶を読む「形勢派」と、陰陽五行説に基づき気の流れを読む「理気派」の、二つの流派がある。

第 1 章

形勢派風水
住宅編

男子校・女子校の近くに住むのは、「凶」だ

風水では、「過ぎる」ことがよくないとされます。

偏ったものは「凶」であり、バランスが取れたものは「吉」となります。

男子校は、男子しか集まっていません。

女子校にも、女子しかいません。

性別が偏っているので、男子校や女子校の近くに住むのは、運気が下がると考えられているのです。

「座」が高い家は、「吉」となる

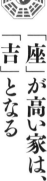

玄関のことを「向《こう》」、玄関の向かい側（奥）のことを「座《ざ》」と言います。

玄関よりも、玄関の向かい側（家屋の背面、後ろ側にあたる部分）に高いものがあると、「吉」となります。

誰しも、後ろから急に殴られたら、恐怖を感じます。

家の後ろ側に、高い建物や高い山があると、落ち着きます。

どんな家に住むべきかというのは、間取りだけが大切なのではありません。

家の「座」が高いかどうかを考えることが、開運をしていくためには必要なのです。

区役所・学校・病院の近くは、一般人が集まるから「凶」となる

「人が集まる場所は、その名のとおり『人気』なので、風水的によいのではないか」と考える人もいるでしょう。

実は、区役所・学校・病院の近くは、一般人ばかりが集まるので、「凶」なのです。お金持ちが集まっているところならば「吉」なのですが、一般人が何人集まろうが、お金持ちにはなれないという考え方のため、「凶」なのです。

『鶏口《けいこう》となるとも牛後《ぎゅうご》となるなかれ[註2]』と言うではないか」と考える方もいるかもしれませんが、貧乏人の先頭に立っても、残念ながら、貧乏人のままだと考えられています。

「お金持ちが並んでいる列の最後に並ぶ人が、お金持ちになれる」という考え方です。お金持ちが住んでいる住宅街や、タワーマンションは「吉」ですが、お金がない方ばかりが住んでいる地域に住むのは「凶」であると考えられているのです。

註2　大きな牛の尻の穴になるくらいなら、小さな鶏の嘴になるほうがよい、という中国の成句（鶏口牛後）。転じて、大きな組織の従者に甘んじるより、小さな組織でもその長であるほうがよい、の意。

コンビニの近くは、「吉」だ

その多くが二十四時間営業しているコンビニエンスストアの近くは、いつも蛍光灯で照らされていて明るく、安全なので、コンビニの近くに住むのは「吉」です。

「一般人が多く集まる場所ではないか」と思われるかもしれませんが、防犯上のことも考えて、コンビニは「吉」なのです。

災害に見舞われた場合など、いざというときに、食料を買いに行くこともできます。

「一般人が集まる場所は凶だが、コンビニは例外的に吉である」と覚えていただけたらと思います。

丁字路の交差する部分は、「凶」だ

丁字路《ていじろ》が交わる部分（道の突き当たり）に住むのは、「凶」です。

よく考えればわかりますが、もし、ブレーキが故障している自動車が走っていたら、自分の家にその自動車が突っ込んでくる危険性があります。

十年、二十年と住んでいれば、一度は自動車に突っ込まれてしまうかもしれないのですから、当然のごとく、「凶」です。

また、道路の角にある家も、「凶」です。

理由は同じで、自動車が曲がりきれずに、自分の家に突っ込んでくる危険性が生まれてきてしまうからです。

「そんなケースは滅多にないはずだ」と思う方もいるかもしれませんが、道路の真ん中にある家よりは、自動車が突っ込んでくる危険性は高くなります。

その土地に二十年、五十年と住むことも考えた上での考え方が、風水の考え方です。交通事故の可能性が限りなくゼロに近い場所に住むというのは、運気アップのためには、前提中の前提なのです。

川の流れの内側は「吉」だが、川の流れの外側は「凶」だ

川が流れていて、張り出している側、つまり流れの外側に住むのは、よくありません。

もし、大雨で川が氾濫したら、真っ先に自分の家に水が流れ込んできます。自分の家ごと流されるかもしれません。

川の流れが張り出していない側、つまり流れの内側であれば、川が氾濫したときも、

自分の家のほうには水は来ないので吉です。

「コンビニは吉」というのと同じ考え方で、「**災害・事故が起こる可能性が限りなくゼロに近い場所に住む**」というのが、形勢派の考え方なのです。

池は、「大凶」だ

家の敷地内に池があるのは、「大凶」です。

幼児が溺れる危険性があるからです。

また、池があると、草も生えますし、手入れも必要になります。

雨が降れば、池が溢れる危険性は、十分にあります。

もし、鯉など魚を飼っていたとしたら、大雨と一緒に流されてしまうこともあるでしょう。

同様に、井戸も「大凶」です。

井戸があったら、子供が落ちてしまう危険性も出てきてしまいます。

家に池がある、井戸があるのは、「百害あって一利なし」というのが、形勢派の考え方なのです。

ひょうたん型の店が、一番流行る

ひょうたん型のように、入り口が狭く、店内が広いお店が流行ります。

なぜかというと、一度お客さんが入ったら、なかなか出にくいからです。

お店の中で滞留する時間が長ければ長いほど、その店舗にお金を落とす可能性が高くなります。

また、間取りが二階以上ある店舗の場合、入るなり、上から降りてくることのできる階段やエスカレーターがあったら「凶」です。

なぜなら、お客さんが出ていきやすくなるからです。

デパートでは、店舗のエントランスへ入った瞬間に、上りのエスカレーターがあり、降りるときには階段しかないというところもありますが、「入りやすく、出にくい」というのは、風水的には理にかなっているのです。

右に高いビルがある店は、「凶」となる

お店を正面に見て、右側に高い建物があると、風水的にはよくありません。

お店の後ろ側（背面）にある分には、玄武（高い山）に守られている状態になりますので、悪くはないのですが、向かって右側は、本来は青龍の場所で、川が流れていなければいけない場所が塞がれているので、よくないのです。

あなたが入ろうとしていたお店の右側に高いビルがあり、なんとなくお店に入りづらかった、という経験はありませんか。

「なんだか気持ち悪いな」と感じたのなら、それは「四神相応」になっていないことを、疑ってみるべきなのです。

この章のおさらい

●偏ったものは「凶」であり、バランスが取れたものは「吉」である。風水では、「過ぎる」ことがよくないとされている。

●家の「座」（家屋の背面、後ろ側にあたる部分）が高いのは「吉」である。風水では、間取りだけでなく、建物そのものの位置も重要となる。

●一般人ばかりが多く集まる地域に住むのは「凶」である。風水では、お金持ちが多く集まる地域やマンションが「吉」であるという考え方がある。

●交通事故が起こる可能性が高い丁字路や道路の角にあたる土地、氾濫の危険性が高い河川の湾曲の外側は「凶」である。その土地に数十年暮らすことを考えて土地を選んだほうがよい。

●形勢派では、家の敷地内に池や井戸があるのは「百害あって一利なし」、つまり「大凶」であるとされている。

●「入りにくく出やすい」間取りの店は「凶」である。ひょうたん型のような間取りの「入りやすく出にくい」間取りが、風水では「吉」とされている。

●建物の背後に玄武（高い山）、建物に向かって右側に青龍（川）が、風水の基本である「四神相応」の考え方。よって、青龍に守られるはずの右側に高い建物がある状態は「凶」となる。

第2章

形勢派風水
家相編

欠けは「凶」、張りは「吉」だ

家相《かそう》の基本中の基本は、欠けは「凶」、張りは「吉」ということです。

欠けというのは、欠けているということで、引っ込んだりしている部分です。

張りというのは、張っているということで、出っ張っている部分です。

吉方位と対応する家族

南

東				西
	長女	次女	母	
東	長男		三女	西
	三男	次男	父	

北

●東の欠け　：長男にとって悪い
●北西の欠け：父親にとって悪い

欠けは、理気派の考え方も合わせることになるのですが、方位によって、家族の誰にとってよくないかが決まります。

欠けがあると、欠けがある方位と対応する家族が病気になったり、不幸になったりすると言われているのです。

長方形の家は「吉」、三角の家は「凶」だ

風水は、何事も「過ぎる」ということを嫌います。
家は、長方形が一番オーソドックスです。
長方形の家が、一番住みやすい家となります。
逆に、三角形になっていたら、「凶」です。
部屋も、長方形の部屋が一番居心地がよく、三角形だと落ち着かないはずです。

長方形の家、長方形の部屋に住むのが「吉」なのです。

部屋を継ぎ足すのは、「凶」だ

後から建て増しをした家は、「凶」です。

最近は、リフォームが流行しています。内装のリフォームであればいいのですが、もともと建築された家に、お風呂を別に取り付けたりするのは、よくありません。もともとの家にあった柱とのバランスが悪くなってしまったりして、地震などの災害の際に崩れやすくなってしまうと、風水では考えられています。

現代では、新たに部屋を取り付けたからといって、耐震強度が落ちるわけではないのかもしれませんが、風水の考えは、建築技術が低い時代から存在するものです。

なかでも、平屋を二階建てにする、二つの家屋をつなぎ合わせるというのは、子孫が途絶えると言われるくらいの「大凶」なのです。

左右対称は「吉」、変わった形の家は「凶」だ

左右対称の家は、バランスが取れているので「吉」です。

逆に、変な形をしていたり、極端に縦長だったりする家は、「凶」です。

「オリジナリティー溢れる設計の家が風水建築である」と思ってしまう方もいるのですが、全くの逆です。

いかに、オーソドックスで、バランスの取れた間取りにしていくかということが、家相においては大切なのです。

北東（鬼門）は、玄関・門・窓・トイレ・寝室・キッチンと、すべてにおいて「凶」だ

「鬼門《きもん》はよくない」と言われていますが、何にとってよくないのかというと、家の間取りにおいて、よくない方位なのです。

鬼門は、鬼がやってくる場所で、裏鬼門は、鬼が出ていく場所です。

つまり、**鬼門と裏鬼門は、鬼の通り道**ということになります。

当然、鬼門に玄関があるのはよくないですし、門があるのもダメです（裏鬼門の玄関は大丈夫です）。

窓があれば、鬼が入ってきてしまいますし、トイレが鬼門にあれば、鬼が住み着いてしまいます。

寝室も、鬼の通り道であればなかなか寝付けないですし、キッチンであれば、鬼に

火事を起こされてしまう危険性があります。

もし、あなたの家が、鬼門に玄関があったりするのであれば、「八卦鏡」を置いて邪気を跳ね返すなど、何らかの対策が必要になってくるのです。

北と南にトイレ・風呂は、「凶」だ

各方位は、五行と対応しています（32ページの図）。

北は水で、南は火を表しています。

トイレやお風呂は水場です。

北にトイレやお風呂があると、水場に水があることになってしまい、「水が多過ぎる」ということになるので、凶となるわけです。

トイレが壊れて水が溢れ出たり、お風呂が溢れ出て、部屋中が水浸しになってしまうかもしれないので、よくないのです。

南にトイレがあると、水が火を消してしまい（水剋火《すいこくか》）[註3]、家庭から火が消えてしまうことになるので、「凶」となります。

ちなみに、北東と南西も、トイレとお風呂に関しては、「凶」です。

北東と南西は「土」となっていますが、土は水を濁してしまうので（土剋水《どこくすい》）[註4]、この二つの方位もよくないのです。

方位と五行（木火土金水）

		南		
	木	火	土	
東	木		金	西
	土	水	金	
		北		

水場は、北と南が「凶」、北東と南西も「凶」なのです。

註３　第６章「相剋」参照。
註４　註３に同じ。

中央の階段・トイレ・風呂は、「凶」だ

家の真ん中に階段があると、気の流れが塞き止められてしまうので、よくありません。トイレやお風呂が家の真ん中にあるのも、水が真ん中に溜まってしまうことになるので、よくないです。部屋の中央に、荷物を山積みにしているのも「凶」ですし、タンス・本棚を置くのも「凶」です。

家の真ん中を、何かで塞き止めるようなことをしては、いけないのです。

玄関から部屋の中心線の通りに、寝室があるのは、「凶」だ

玄関から「気」が入ってきて、部屋の中心線を通って、外へと抜けていきます。

この一直線上には、何も置かないほうが、気の流れがよくなります。

寝室があったら、夜の間、人間が邪魔をしていることになってしまい、気の流れが止まってしまうので、よくありません。

ワンルームマンションの場合、残念ながら、玄関から一直線上の場所に寝ることになってしまう場合がほとんどではありますが、これも、よくないとされています。

特に、**南に玄関、北に玄関のワンルームマンションは、南から北、北から南という一直線上に自分が寝ることになってしまうので、「過ぎる」ことになり、「大凶」**となります（防犯上も、よくないとされています）。

ワンルームマンションにどうしても住まなければいけない場合は、せめて、玄関の方位だけでも確認した上で、住んでいただければと思います。

タンスの高さが違うのは、「凶」だ

タンスを二つ並べたときに、タンスの高さが違うと、変な気の流れができてしまうので、「凶」だとされています。

タンスは、同じ高さのものを並べましょう。

本棚も、同様です。

違う高さの本棚を並べるのではなく、同じ高さの本棚を並べることで、運気が上がります。

家具は、気の流れが上手に行き渡るように配置するのが、ベストなのです。

この章のおさらい

●欠けは「凶」、張りは「吉」。
風水における家相の基本である。

●居心地のよい部屋、オーソドックスでバランスの取れた形の家が、家相では「吉」とされている。
三角形の間取りや変な形の家は、風水が嫌う「過ぎる」家であるため「凶」である。

●部屋の建て増しは「凶」。
なかでも、平屋の家に二階を建て増ししたり、二つの家屋をつなぎ合わせるのは「大凶」である。

●鬼門は鬼がやってくる場所、裏鬼門は鬼が出ていく場所。
つまり、鬼門から裏鬼門への導線は「鬼の通り道」であり、鬼門に玄関や窓、導線上に寝室などはよくない。

●トイレ、浴室などの水場は、北、南、北東、南西ともに「凶」である。

●家の真ん中を何かで塞き止めるのは、気の流れを塞き止めてしまうのでよくない。
トイレなどの水場、階段、また荷物を山積みにするのも「凶」である。

●「気」は、玄関から入り部屋の中心腺を通って外へと抜けていく。
この一直線上に何かを置くことは気の流れを止めてしまうことになり、とりわけ自分自身が寝ることは「大凶」である。

第3章

易学と九星気学がわかると、理気派がわかる

易学の基本は、「八卦」だ

理気派を理解するためには、まず、

①易学（周易）
②九星気学

が、基礎知識として必要になります。

では最初に、易学《えきがく》について説明いたします。

易学というのは、別名「易（周易）」と呼ばれます。

中国四〇〇〇年の伝統がある占い手法で、最終的には、人類史上最大の天才と言われる、孔子《こうし》が完成させました。

『易経』という本が、易の集大成となっている本で、この本を片手に、易占いは行います。

易の知識の基本中の基本になるのが、「八卦《はっか》」です。

「当たるも八卦、当たらぬも八卦」という言葉は、現代では、「占いは当たることもあれば、当たらないこともある」という意味で使われていますが、本来は違います。

「君子が行えば、占いは100%当たるが、小人（つまらない人間）がやったら、占いは当たらない」というのが、古来よりの意味です。

八卦は、「はっけ」ではなく、「はっか」と読みます。

易においては、「世の中における事象は、この八つから成り立っている」と考えられているのです。

八卦の意味を知る

八卦とは、**乾《けん》・兌《だ》・離《り》・震《しん》・巽《そん》・坎《かん》・艮《ごん》・坤《こん》**のことです。

乾《けん》・兌《だ》・離《り》・震《しん》・巽《そん》・坎《かん》・艮《ごん》・坤《こん》の八つは、**天《てん》・沢《たく》・火《か》・雷《らい》・風《ふう》・水《すい》・山《さん》・地《ち》**に、それぞれイコールの関係で対応しています。[註5]

「乾《けん》」＝「天《てん》」
「兌《だ》」＝「沢《たく》」
「離《り》」＝「火《か》」
「震《しん》」＝「雷《らい》」
「巽《そん》」＝「風《ふう》」

「坎《かん》」＝「水《すい》」
「艮《ごん》」＝「山《さん》」
「坤《こん》」＝「地《ち》」

註5　自然界の八つの現象「天・沢・火・雷・風・水・山・地」は、八卦が表す意味合い（象意）と対応しており、これら八つの自然現象を総称して「正象」（せいしょう）と言う。

この八卦の、**乾《けん》・兌《だ》・離《り》・震《しん》・巽《そん》・坎《かん》・艮《ごん》・坤《こん》**は、いつでも順番どおりに言えるようにしておいてください。

八卦が表す方位と家族

八卦		方位	八卦との関係	
☰	乾《けん》	北西	天を表す	父
☱	兌《だ》	西	沢を表す	三女
☲	離《り》	南	火を表す	次女
☳	震《しん》	東	雷を表す	長男
☴	巽《そん》	南東	風を表す	長女
☵	坎《かん》	北	水を表す	次男
☶	艮《ごん》	北東	山を表す	三男
☷	坤《こん》	南西	地を表す	母

八卦と家族対応の覚え方

八卦は家族に対応しています。

まず、「乾《けん》」ですが、これはすべてが「陽」なので、父を表します。

いっぽうで、「坤《こん》」は、すべてが「陰」なので、母を表します。

あとは、一つだけ仲間外れを探して、その仲間外れの場所が、一番下ならば、長男・長女、真ん中ならば、中男《ちゅうなん》・中女《ちゅうじょ》（次男・次女）、一番上ならば、少男《しょうなん》・少女《しょうじょ》（末の弟、末の妹）ということになります。[註6]

註6　易では、下から順番に数えるというルールがあります。

乾《けん》は、すべてが　陽　☰　↓　父
坤《こん》は、すべてが　陰　☷　↓　母
震《しん》は、一番下だけが陽　☳　↓　長男
巽《そん》は、一番下だけが陰　☴　↓　長女
坎《かん》は、真ん中だけが陽　☵　↓　中男《ちゅうなん》
離《り》は、真ん中だけが陰　☲　↓　中女《ちゅうじょ》
艮《ごん》は、一番上だけが陽　☶　↓　少男《しょうなん》
兌《だ》は、一番上だけが陰　☱　↓　少女《しょうじょ》

家族対応は、とても重要なので、こちらも丸暗記をしていただけたらと思います。

八卦は、方位にも対応している

後天八卦図

南

東＼西		
巽《そん》	離《り》	坤《こん》
震《しん》		兌《だ》
艮《ごん》	坎《かん》	乾《けん》

北

（左：東　右：西）

八卦は、それぞれ方位に対応しています。

上の図を、後天八卦図と言います。

後天八卦図では、北を下、南を上と取りますので、最初は違和感があるかもしれませんが、すぐに慣れてくるので安心してください。

それぞれの方位に対して、八卦

が当てられているので、暗記しておくことは、風水では必須となります。

この図は、何度も出てくることになりますので、覚えておいてくださいね。

COLUMN

八卦の図表に出てくる記号「☴」について

八卦「乾《けん》・兌《だ》・離《り》・震《しん》・巽《そん》・坎《かん》・艮《ごん》・坤《こん》」には、形状の異なる三本の横線で構成された記号が付されています。

この記号は爻《こう》と言い、八卦の基本記号です。

横に長い一本線「⚊」は陽、途中で途切れた二本線「⚋」は陰を表し、陽の線と陰の線を三本組み合わせて構成されたものが爻です。

たとえば「巽《そん》」の爻は「☴」ですが、上の二本は陽、下の一本は陰を表しており、家族は「長女」、方位は「南東」となります。

八卦に対応する家族も方位も、先述したとおり暗記が必須ですが、爻の仕組みと合わせて覚えると、より記憶しやすいでしょう。

八卦は、九星気学とも対応している

八卦は、九星気学とも対応しています。

すべての対応を、51ページの表に示しました。

この知識が、風水を活用するときには重要になってきますので、覚えていただけたらと思います。

八卦と九星気学

八卦	正象	方位	五行	家族	九星
乾《けん》	天	北西	金	父	六白金星《ろっぱくきんせい》
坤《こん》	地	南西	土	母	二黒土星《じこくどせい》
震《しん》	雷	東	木	長男	三碧木星《さんぺきもくせい》
巽《そん》	風	南東	木	長女	四緑木星《しろくもくせい》
坎《かん》	水	北	水	中男	一白水星《いっぱくすいせい》
離《り》	火	南	火	中女	九紫火星《きゅうしかせい》
艮《ごん》	山	北東	土	少男	八白土星《はっぱくどせい》
兌《だ》	沢	西	金	少女	七赤金星《しちせききんせい》

五黄土星（ごおうどせい）は、中央に位置するため、方位は存在しません。

あなたの「九星」を知る

53ページの表をご覧いただくと、自分の九星がわかります。

あなたの生まれ年から、一白水星〜九紫火星のどれかが、わかります。

それぞれが、どんな性格の持ち主かということに関しては、『1分間九星気学入門』（太玄社）をご覧いただくとして、風水で大切なのは、自分の九星が何なのかということだけです。


自分の九星は何かを知った上でないと、理気派の風水は始まらないのです。

九星早見表

一白水星	二黒土星	三碧木星	四緑木星	五黄土星	六白金星	七赤金星	八白土星	九紫火星
1918年	1917年	1916年	1915年	1914年	1913年	1912年	1911年	1910年
1927年	1926年	1925年	1924年	1923年	1922年	1921年	1920年	1919年
1936年	1935年	1934年	1933年	1932年	1931年	1930年	1929年	1928年
1945年	1944年	1943年	1942年	1941年	1940年	1939年	1938年	1937年
1954年	1953年	1952年	1951年	1950年	1949年	1948年	1947年	1946年
1963年	1962年	1961年	1960年	1959年	1958年	1957年	1956年	1955年
1972年	1971年	1970年	1969年	1968年	1967年	1966年	1965年	1964年
1981年	1980年	1979年	1978年	1977年	1976年	1975年	1974年	1973年
1990年	1989年	1988年	1987年	1986年	1985年	1984年	1983年	1982年
1999年	1998年	1997年	1996年	1995年	1994年	1993年	1992年	1991年
2008年	2007年	2006年	2005年	2004年	2003年	2002年	2001年	2000年
2017年	2016年	2015年	2014年	2013年	2012年	2011年	2010年	2009年
2026年	2025年	2024年	2023年	2022年	2021年	2020年	2019年	2018年
2035年	2034年	2033年	2032年	2031年	2030年	2029年	2028年	2027年

気学では2月4日から翌年2月3日までを1年とします。

例：1974年1月20日生まれ→1973年生まれ＝九紫火星
　　1996年2月2日生まれ→1995年生まれ＝五黄土星

COLUMN

自分の九星を知る際の注意点

九星には、生まれ年から導き出す「本命星」と、生まれ月から導き出す「月命星」、さらに生まれ日から導き出す「日命星」があります。

ただし、この本では九星気学について詳しく説明はしませんので、風水の基本中の基本である本命星のみを九星として、その導き出し方をご紹介しています。

生まれ年から九星を導き出す際に注意が必要なのは、「一年のはじまり」です。

九星気学では、2月4日（立春※）から翌年の2月3日までを「一年」とするルールがあるため、元日から2月3日までに生まれた人の九星は、前年生まれのものとなります。

たとえば……

Aさん　1995年2月1日生まれ

↓　1994年生まれ　＝　六白金星

Bさん　１９９５年３月９日生まれ
↓　１９９５年生まれ　＝　五黄土星《ごおうどせい》
Cさん　１９９６年１月７日生まれ
↓　１９９５年生まれ　＝　五黄土星
Dさん　１９９６年２月６日生まれ
↓　１９９６年生まれ　＝　四緑木星

このように、**生まれ年も学年も違うBさんとCさんが同じ九星**だったり、**生まれ年も学年も同じAさんとBさんやCさんとDさんが違う九星**だったりします。

自分の九星はもちろん、家族や知り合いの九星を調べる際にも注意しましょう。

※立春は、太陽年と暦との違いにより数年から数十年に一度変動します。１９８４年は２月５日、２０２１年と２０２５年は２月３日が立春です。

この章のおさらい

●易とは中国伝統の占いであり、易では、世の中における事象は八卦から成り立っていると考えられている。

●八卦とは「乾《けん》・兌《だ》・離《り》・震《しん》・巽《そん》・坎《かん》・艮《ごん》・坤《こん》」の八つである。理気派の風水を理解するには、この八つを覚える必要がある。

●八卦は、家族、方位、九星に対応している。八卦と同様、風水では暗記必須である。

●理気派の風水を実践するには、自分の九星（一白水星～九紫火星）を知っておく必要がある。

第4章

「八宅派風水」で、どんな家に住むべきかがわかる

男命と女命に分けるのが、「八宅派」だ

理気派の中で、最も一般的に広がっているのが「八宅派風水《はったくは》」と呼ばれるものです。
その名のとおり、八種類の「命《めい》」（人）と、八種類の「宅《たく》」（家）に分けていくという手法です。

九星気学では、人を九つの星に分けましたが、今度は、九星気学をもとに、人を八つの命に分けます。

男性の場合は、九星気学そのままに、九紫火星の方は「離命《り》」、七赤金星の方は「兌命《だ》」となります。

女性の場合は、全く違ってきますので、59ページの表を参考にしてください。

本命掛早見表

九星	男性の本命掛	女性の本命掛
一白水星	坎《かん》命	艮《ごん》命
二黒土星	坤《こん》命	巽《そん》命
三碧木星	震《しん》命	震《しん》命
四緑木星	巽《そん》命	坤《こん》命
五黄土星	坤《こん》命	坎《かん》命
六白金星	乾《けん》命	離《り》命
七赤金星	兌《だ》命	艮《ごん》命
八白土星	艮《ごん》命	兌《だ》命
九紫火星	離《り》命	乾《けん》命

自分の九星については、53ページ「九星早見表」でご確認ください。

八つの命は、さらに「東四命」と「西四命」に分けられる

八つの命は、次の二つのグループに分類できます。

・東四命《とうしめい》（木・水・火のグループ）
坎命（かんめい）……水
震命（しんめい）……木
巽命（そんめい）……木
離命（りめい）……火

・西四命《さいしめい》（土・金のグループ）
坤命（こんめい）……土

兌命（だめい）……金
乾命（けんめい）……金
艮命（ごんめい）……土

この二つに分けるだけで、なんと吉方位が同じになるというウルトラCが起こるのです。

家の種類も、玄関の方位によって、「東四宅」と「西四宅」に分けられる

家も、八種類に分類されます。
何によって分けられるのかというと、「玄関の方位」によってです。
家も、人間と同じように、八つの宅になります。

八つの宅は、次の二つのグループに分類できます。

・東四宅《とうしたく》（木・水・火のグループ）

坎宅（かんたく）……水

震宅（しんたく）……木

巽宅（そんたく）……木

離宅（りたく）……火

・西四宅《さいしたく》（土・金のグループ）

坤宅（こんたく）……土

兌宅（だたく）……金

乾宅（けんたく）……金

艮宅（ごんたく）……土

宅卦と玄関の方位

宅卦	八宅	四宅	五行	玄関の向いている方向
乾《けん》	乾宅	西四宅	金	南東
兌《だ》	兌宅	西四宅	金	東
離《り》	離宅	東四宅	火	北
震《しん》	震宅	東四宅	木	西
巽《そん》	巽宅	東四宅	木	北西
坎《かん》	坎宅	東四宅	水	南
艮《ごん》	艮宅	西四宅	土	南西
坤《こん》	坤宅	西四宅	土	北東

四つの吉方位と、四つの凶方位を知る

人は、東四命と西四命に分けられることがわかりました。

家の種類も、東四宅と西四宅に分けられます。

方位も、吉方位（四つ）と凶方位（四つ）に分けられるのです。

それぞれ、次のような名前がついています。

4つの吉方位

生気《せいき》（最大吉）	活力がわき出る方位。仕事運・金運ともに、最大吉となる。
天医《てんい》（大吉）	健康にとってよい方位（長寿・病気がよくなるなど）。寝ている間に健康になるということから、特に、寝室によいとされる。
延年《えんねん》（中吉）	人間関係がよくなる方位。家族運・恋愛運・結婚運が上がるとされる。
伏位《ふくい》（小吉）	平穏無事に過ごせる方位。「成人するまで悪いことが起きない」とされるので、子供部屋に最適。

・四つの吉方位

生気（せいき）……最大吉
天医（てんい）……大吉
延年（えんねん）……中吉
伏位（ふくい）……小吉

・四つの凶方位

絶命（ぜつめい）……最大凶
五鬼（ごき）……大凶
六殺（ろくさつ）……中凶
禍害（かがい）……小凶

4つの凶方位

絶命《ぜつめい》（最大凶）	絶命と言うくらい、最悪な方位。破産・絶望を表す。
五鬼《ごき》（大凶）	火災・ケガ・事故・過労などを招く方位。健康があってこそ、運気も上がるというものだが、この方位にいると、病気にもなりやすいとされる。
六殺《ろくさつ》（中凶）	口舌・水難・多淫を表す方位。人との争い・異性関係の乱れが起こる可能性があるので、注意が必要。
禍害《かがい》（小凶）	小さなトラブルが起こる方位。できれば、この方位も避けるべき。

八つの命の、吉方位と凶方位は、すでにわかっている

八宅派風水においては、**生まれてから死ぬまでの吉方位、凶方位というのは、すでに決まっている**と考えられています。

この方位を知っているか知らないかで、一生が違ってきます。

68〜69ページの図は、八宅派風水では欠かせない八宅盤です。

八卦「**乾《けん》・兌《だ》・離《り》・震《しん》・巽《そん》・坎《かん》・艮《ごん》・坤《こん》**」それぞれの宅盤があり、自分の本命卦（男性と女性で本命卦が違います。詳しくは59ページ参照）の宅盤を見れば、吉方位と凶方位が一目瞭然です。

たとえば、本命卦が離命の男性の場合、吉方位は北（最大吉）、南（大吉）、東（中吉）、南東（小吉）となり、凶方位は北東（最大凶）、南西（大凶）、西（中凶）、北西

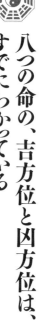

（小凶）となります。

ぜひ、自分のものだけでもいいので、覚えてくださいね。

八宅盤　東四命

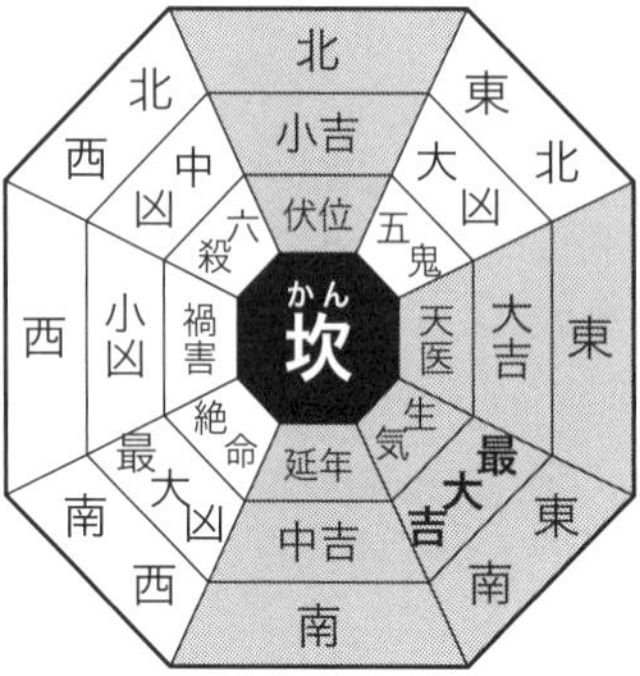
坎《かん》
北
東北
東
東南
南
西南
西
西北
小吉
大凶
大吉
最大吉
中吉
最大凶
小凶
中凶
伏位
五鬼
天医
生気
延年
絶命
禍害
六殺

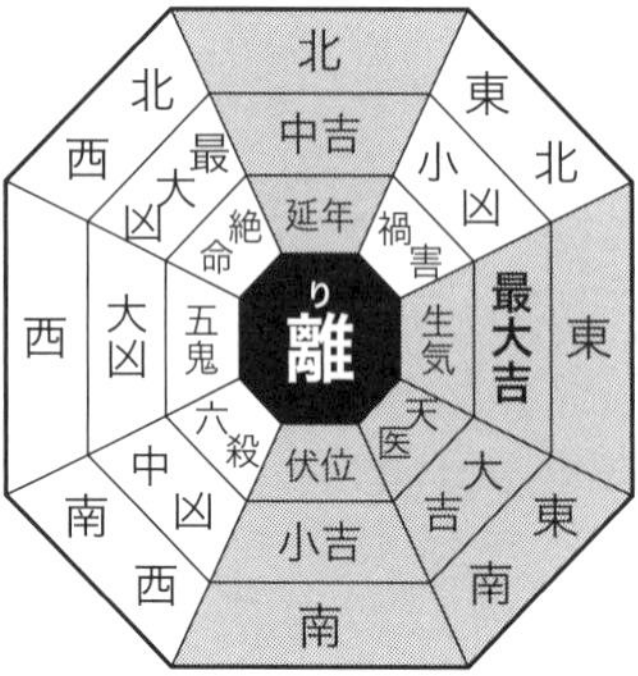
離《り》
北
東北
東
東南
南
西南
西
西北
中吉
小凶
最大吉
大吉
小吉
中凶
大凶
最大凶
延年
禍害
生気
天医
伏位
六殺
五鬼
絶命

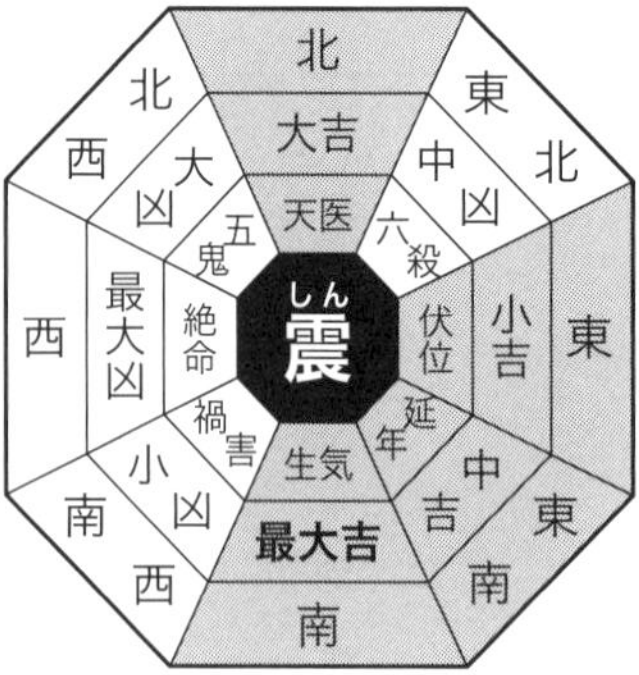
震《しん》
北
東北
東
東南
南
西南
西
西北
大吉
中凶
小吉
中吉
最大吉
小凶
最大凶
大凶
天医
六殺
伏位
延年
生気
禍害
絶命
五鬼

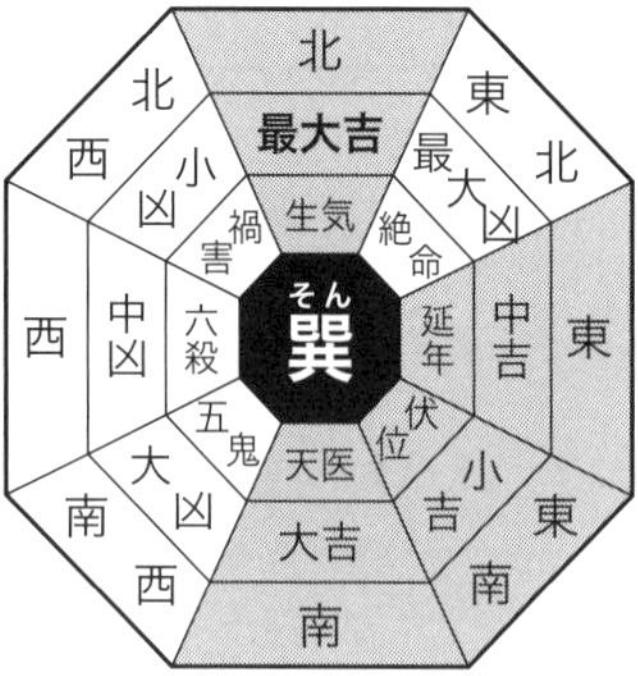
巽《そん》
北
東北
東
東南
南
西南
西
西北
最大吉
最大凶
中吉
小吉
大吉
大凶
中凶
小凶
生気
絶命
延年
伏位
天医
五鬼
六殺
禍害

八宅盤　西四命

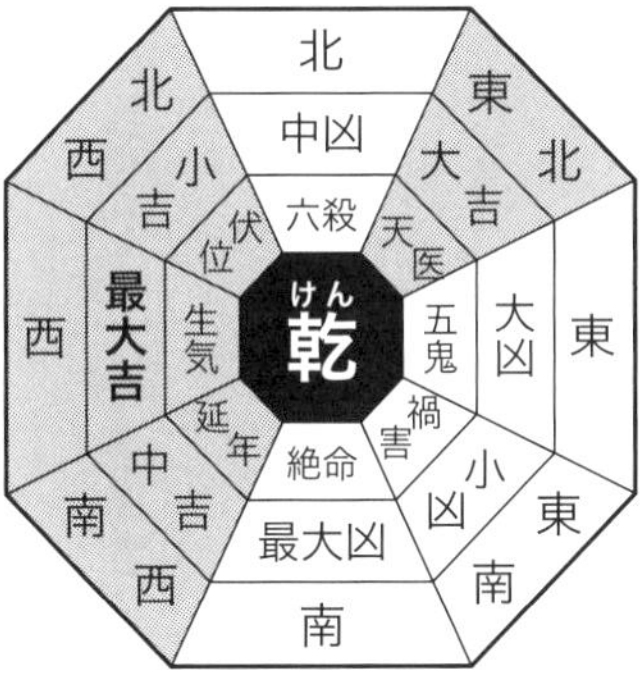
乾《けん》
北
中凶
六殺
北
西
小吉
伏位
東
北
大吉
天医
西
最大吉
生気
東
大凶
五鬼
南
西
中吉
延年
南
最大凶
絶命
東
南
小凶
禍害

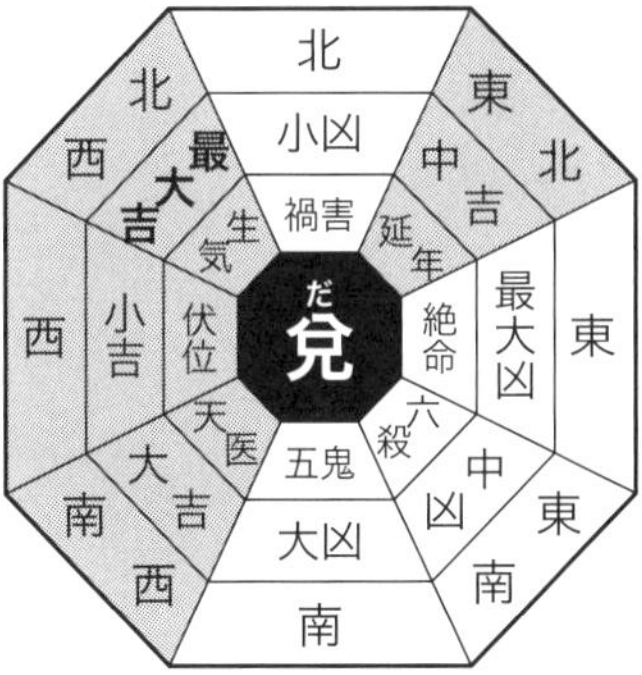
兌《だ》
北
小凶
禍害
北
西
最大吉
生気
東
北
中吉
延年
西
小吉
伏位
東
最大凶
絶命
南
西
大吉
天医
南
大凶
五鬼
東
南
中凶
六殺

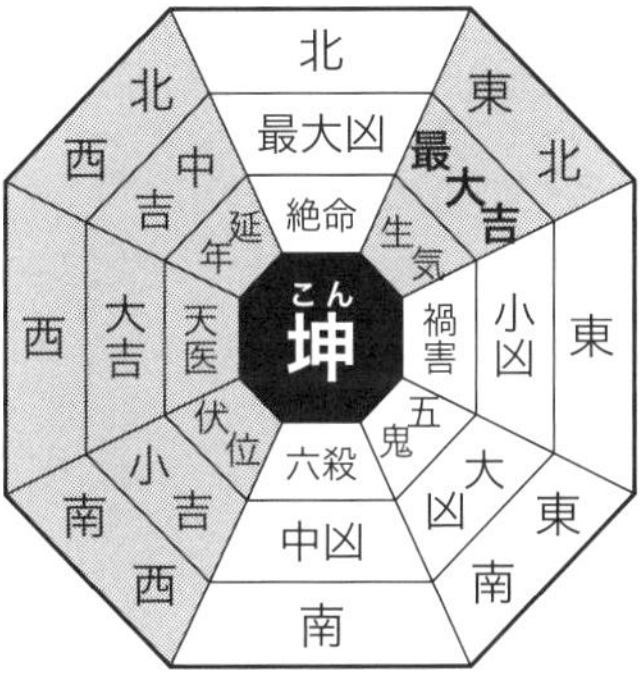
坤《こん》
北
最大凶
絶命
北
西
中吉
延年
東
北
最大吉
生気
西
大吉
天医
東
小凶
禍害
南
西
小吉
伏位
南
中凶
六殺
東
南
大凶
五鬼

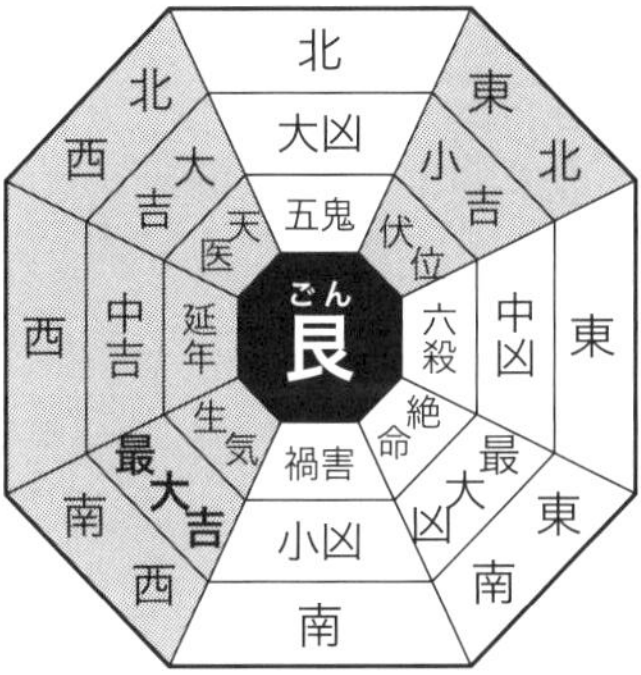
艮《ごん》
北
大凶
五鬼
北
西
大吉
天医
東
北
小吉
伏位
西
中吉
延年
東
中凶
六殺
南
西
最大吉
生気
南
小凶
禍害
東
南
最大凶
絶命

東四命（東四宅）と西四命（西四宅）で、吉方位が変わる

68〜69ページの図（八宅盤、東四命と西四命）の、グレーになっている部分をご覧ください。

東四命（東四宅）はすべて、同じところがグレーになっています。

西四命（西四宅）も、同じです。

つまり、細かい吉方位（生気など）に分けずに、ざっくりと吉方位を出したいと思えば、71ページの図のように東四命（東四宅）と西四命（西四宅）に分けるだけでいいということになるのです。

東四命（東四宅）と西四命（西四宅）

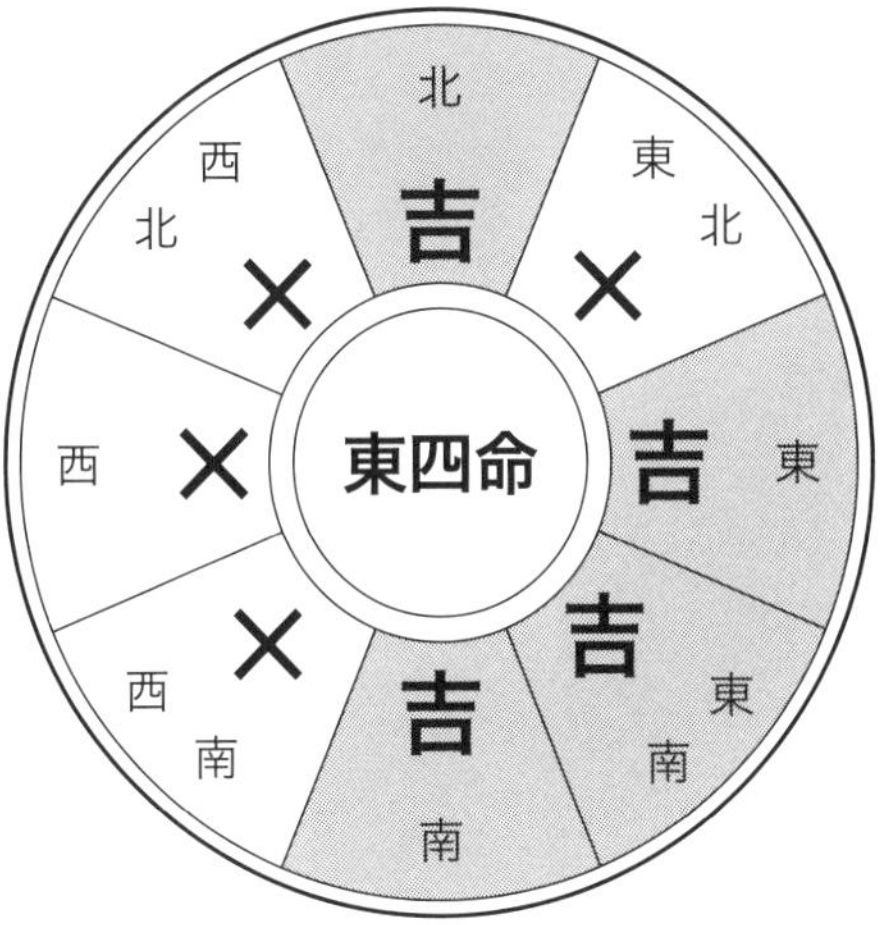

●東四宅の吉方位：北、東、南東、南
●西四宅の吉方位：北東、南西、西、北西

吉方位には寝室を、凶方位には家具（タンス）を置く

「吉方位はわかった。では、家の吉方位をどう活用したらいいのだろう」と考えた方も多いはずです。

吉方位に適しているのは、寝室です。

なぜなら、普段自宅で寝ている時間というのは、一日のうち八時間前後と、人生の三分の一を占めているからです。

寝ながら、よい気を取り入れることができるので、吉方位に寝室を置くことを考えましょう。

では、凶方位はどうしたらいいのかというと、タンスなど、家具を置くことで、凶作用を防ぎます。

人間は吉方位で過ごし、人間以外のものは凶方位に置く。

これで、開運ができるのです。

この章のおさらい

●八宅派風水とは、八種類の「命」（人）と八種類の「宅」（家）に分ける手法の風水である。

●八宅派風水では、九星気学をもとに八つの命に分けるが、その本命卦は男性と女性で異なる。

●八宅派風水では、八卦をもとに八つの宅に分けるが、宅の場合は玄関の方位によって分けられる。

●八つの命と八つの宅は、それぞれ東（木・火・水）と西（土・金）の二つのグループに分けられ、「東四命・西四命」「東四宅・西四宅」と呼ぶ。

●八つの方位は、吉方位（生気・天医・延年・伏位）と凶方位（絶命・五鬼・六殺・禍害）に分けられる。

●吉方位と凶方位は八つの命（本命卦）ごとに決まっているが、大まかには東四命（東四宅）と西四命（西四宅）の二種類で分けることができる。

第5章

八宅派風水を使えば、家族が幸せになれる

父・母・長男・長女の部屋は、セオリーどおりにする

「東四命、西四命で、吉方位と凶方位はわかった。では、結局、自分の部屋は、どの方位にするのが一番いいのだろうか」と考えた方もいらっしゃるでしょう。

家族の部屋は、77ページの図のとおりにするのがセオリーです。

すべて、吉方位にも適合しています。

あなたが父親ならば、北西の部屋を自分の部屋にし、あなたが母親ならば、南西の部屋を自分の部屋にすれば、家族にとって一番いい部屋になるのです。

八卦と部屋の方位

南

巽《そん》 長女 南東	離《り》 次女 南	坤《こん》 母 南西
震《しん》 長男 東		兌《だ》 三女 西
艮《ごん》 三男 北東	坎《かん》 次男 北	乾《けん》 父 北西

東（左）　西（右）

北

北の方位は、寝室・書斎・神棚（仏壇）がベストだ

家族にとって、どの方位に、誰の部屋を配置するのがいいのかを、述べました。
では、それぞれの方位を、どう使えばいいのかについて、お話しします。

まずは、北からです。
北は、「坎《かん》」のイメージから、静かな場所に適しています。
なので、寝室や書斎がいいでしょう。

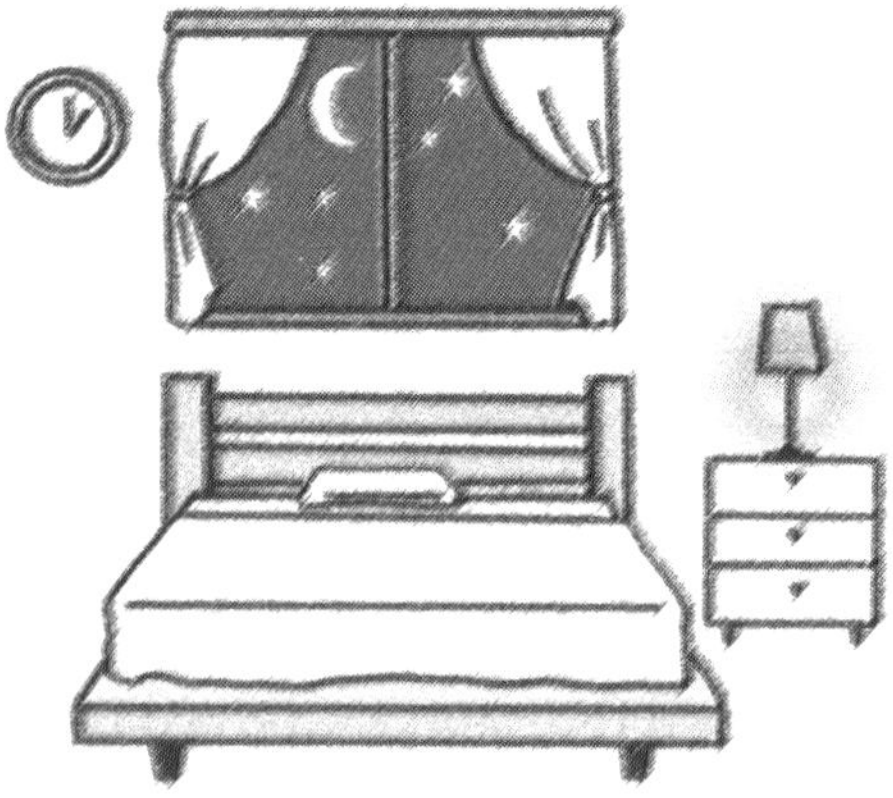

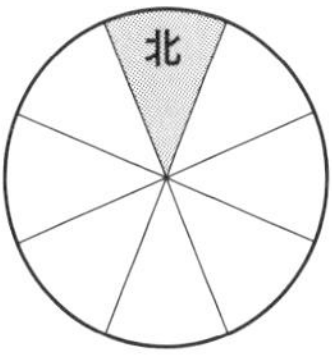

また、神棚（仏壇）も、静かな場所に置きたいので、北がオススメです。

北東には、勉強部屋か、金庫を置け

北東は、鬼門の方位です。玄関には、一番よくありません。

その代わり、勉強部屋としては最適です。北東は、一発逆転の方位でもあります。「成績はまだまだだが、志望校に合格したい」という場合は、机の向きも北東にすることで、一発逆転が狙えます（すでに成績がいい場合は、静かに安定をしていく北がよく、いい情報を収集したいという場合は、太陽が昇る東に向けるのがいいでしょう）。

また、金庫や預金通帳を置くのも、北東がベストです。

一発逆転で、大金が転がり込んでくる場合もあります（あなたがすでにお金持ちで、財産を安定させたい場合は、北に金庫・預金通帳にしましょう）。

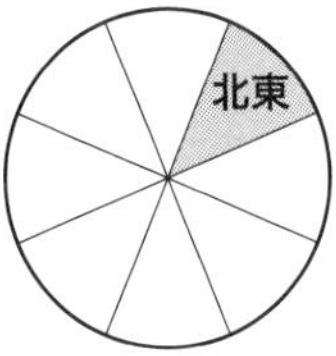

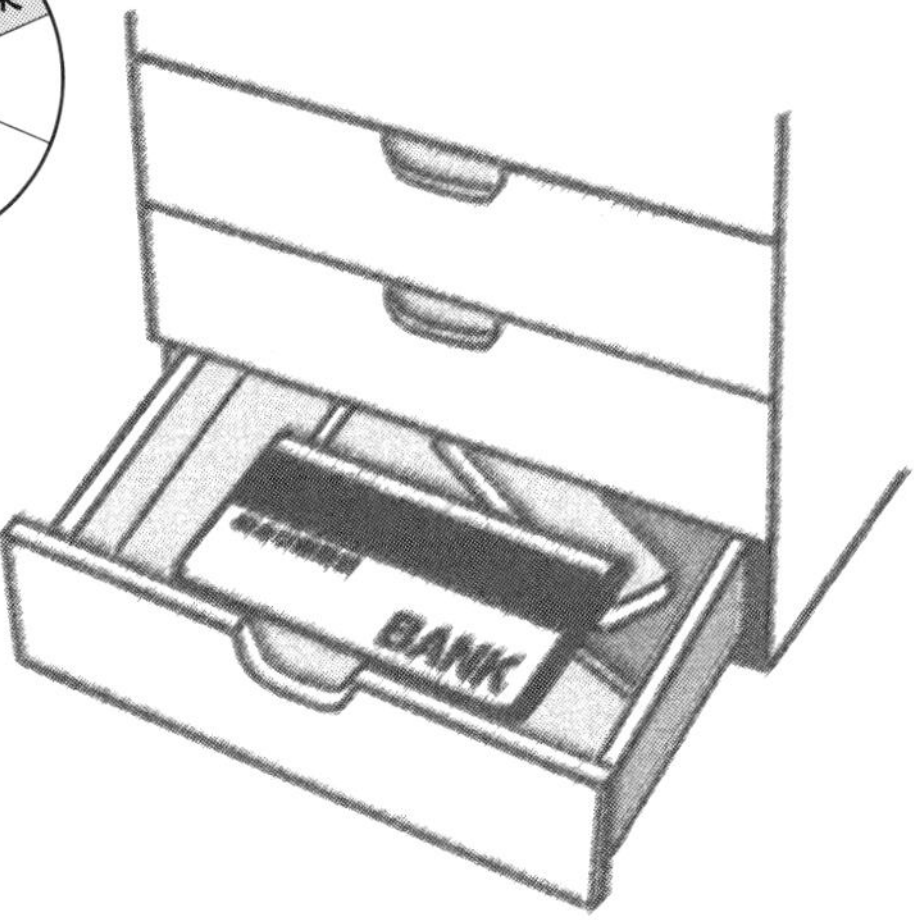

北東は、一発逆転と覚えておきましょう。

序章 風水とは何か
第1章 形勢派風水 住宅編
第2章 形勢派風水 家相編
第3章 易学と九星気学がわかると、理気派がわかる
第4章 「八宅派風水」で、どんな家に住むべきかがわかる
第5章 八宅派風水を使えば、家族が幸せになれる
第6章 陰陽五行説と、家の設備の考え方
第7章 間取り風水術 ―どの方位にどの部屋があるべきなのか
第8章 目的別風水術
第9章 すぐにできる！簡単風水術

東は、太陽が昇る場所なので、子供部屋・食堂・キッチンにする

東は、朝一番に太陽が昇る方位です。

子供部屋にすれば、子供が生き生きと過ごせます。

玄関にすれば、いい人がやってくることになります。

食堂（ダイニング）やキッチンでも、朝一番の気をもらえるので、美味しい料理ができることになります。

朝一番の、新鮮な気をもらえる方位が東です。

情報も、朝日が昇るとともに朝刊が届くのと同じように、新鮮な情報は、東からやってくるのです。

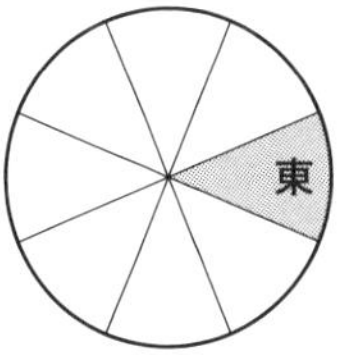
東

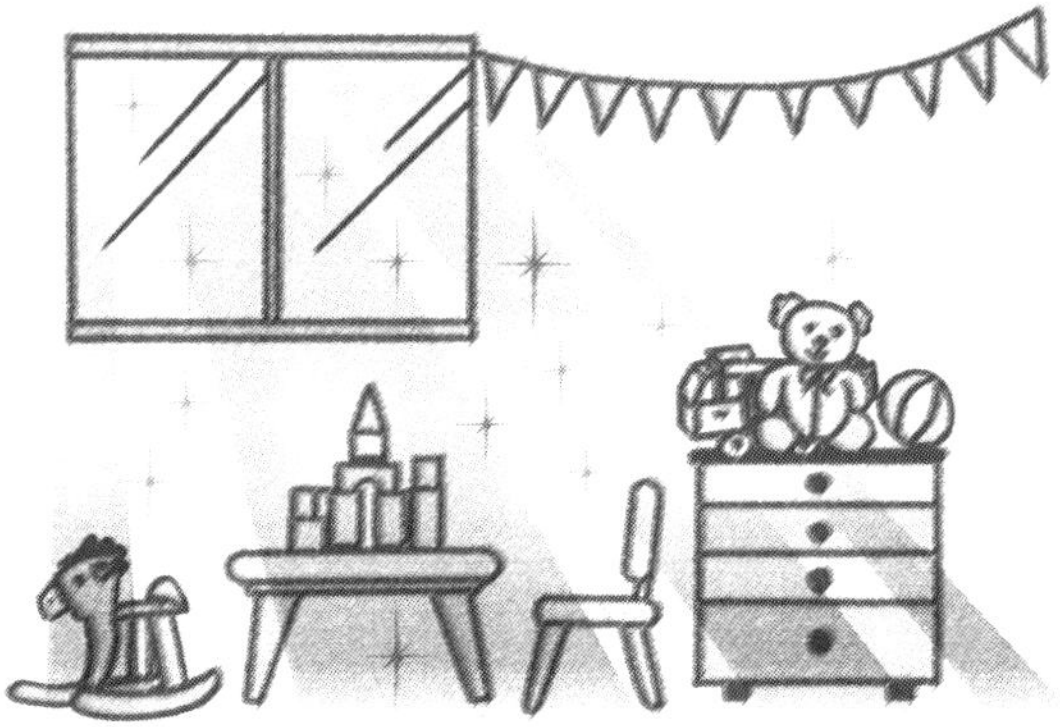

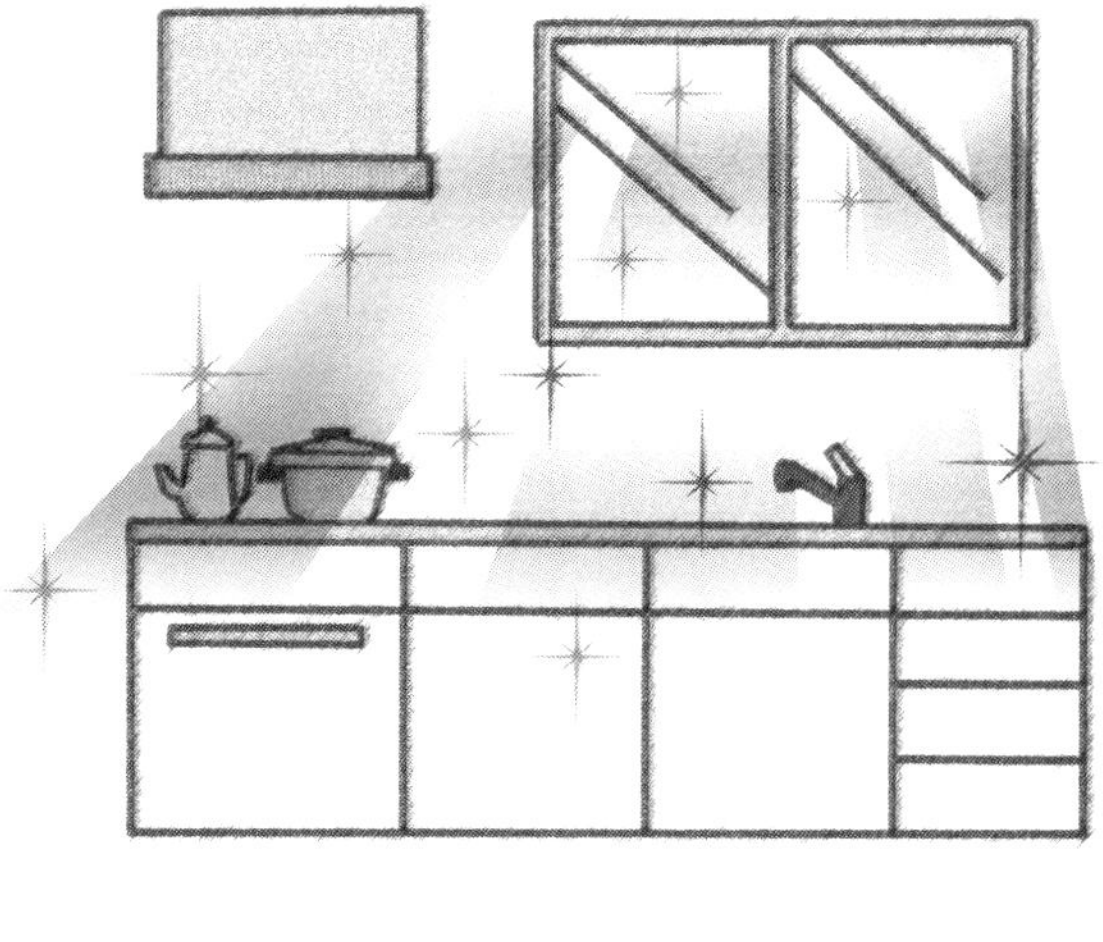

南東は、リビングにする

南東は、太陽が昇って、南中するまでの方位です。**太陽のよいエネルギーをもらえるのが南東**です。

なので、家族全員で過ごすリビングにするのが「大吉」です。

食堂（ダイニング）・玄関・子供部屋・寝室にするのも「吉」です。

せっかくのよい方位なので、家族が長く過ごす時間がある空間に、南東を使うのがいいでしょう。

南東

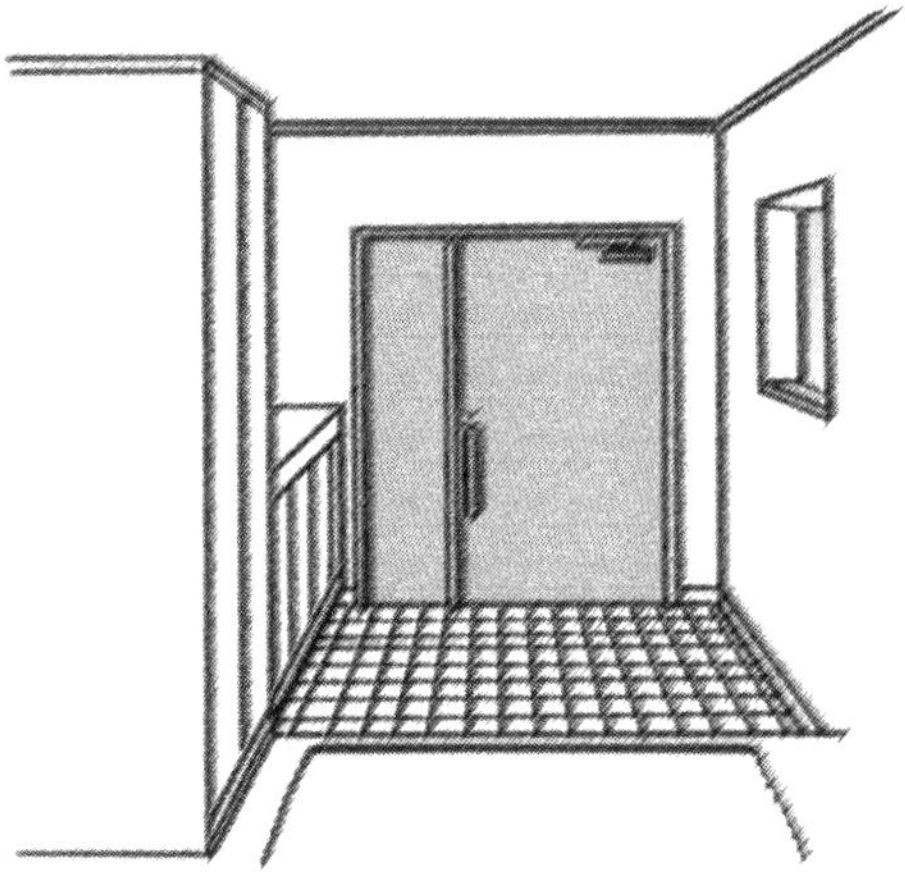

南は、勉強部屋ではなく、子供部屋にする

南は、太陽のエネルギーが盛んな方位です。

太陽が眩しすぎて、集中が削がれるので、勉強部屋としては「凶」です。

その代わり、子供が遊び回るには「大吉」です。

リビングとしても、南東に次いで「吉」となります。


ただし、**南に高層建築物がある家は、そもそも家相として「凶」**です。

太陽が遮られてしまうからです。

南に、太陽を遮る高い建物がない家に住むというのは、よい運気を取り入れるためには、前提になってくるのです。

南

南西は、妻・姑の部屋にすると、家庭円満になる

一般的な家庭では、いつも家にいるのは、妻です。

もちろん、最近は、男女平等という考え方が当然で、共働きの世帯も多いでしょう。

ですが、風水の考え方ができた時代は、四〇〇〇年前です。

「妻は家庭を守り、夫は外で働くのが当然である」という考え方がベースにあることは、ご承知いただけたらと思います。


妻が一番精神的にも落ち着き、ルンルン気分でいることで、家庭が円満になります。

なので、南西は迷わず、妻の部屋にしましょう。

嫁と姑で喧嘩が絶えない場合は、姑の部屋を南西にすることで、姑の機嫌がよくなる可能性もあります。

第一希望は妻の部屋、第二希望は姑の部屋というのが、南西の方位なのです。

西は、金運の方位。白・黄色・ベージュの色で、金運アップに使う

西は、「兌《だ》」で、三女がペチャクチャおしゃべりをするという象意がある方位です。なので、小さい女の子の部屋には、とてもいいです。

西は、金運アップの方位なので、リビングであれ、食堂（ダイニング）であれ、白・黄色・ベージュの色を使って、金運を上げましょう。

カーテンの色でもいいですし、ポスターを貼っても、置物を置いてもいいです。

せっかく金運の方位があるのですから、西には、白・黄色・ベージュという色を使うための方位として使いましょう。

西

北西は、父親の部屋・書斎にする

南西は母・姑に最適ですが、北西は一家の大黒柱である父親の部屋として最適です。父親の部屋か、父親が使う書斎にするのがベストです。

父親が、この部屋の中で本を読んだり、仕事をすることで、家庭の運気が上がります。

「父の部屋を北西に、母の部屋を南西に」で、家族が幸せになるのです。

北西

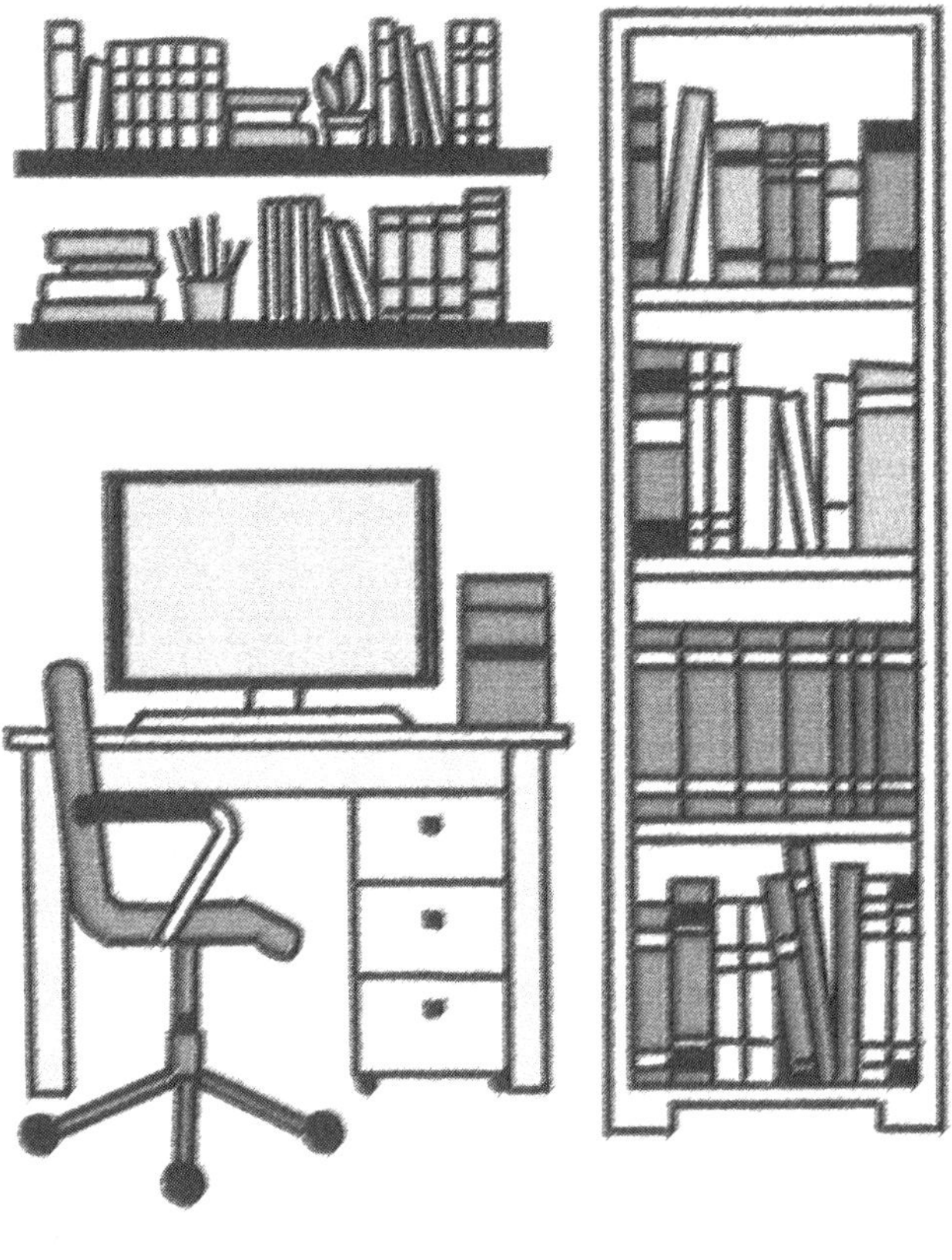

COLUMN

「南東」か、「東南」か

方位をまとめて表すとき、私たちは「東西南北」と言います。

しかし、土地を示す際には「東南の角地」と言ういっぽうで、天気などの場合は「北東からの風が」などと言います。

地域の場合はより複雑で、「東北地方」と言いながら「南西諸島」とも言います。

この違いは何でしょうか。

それは「西洋方式」か「東洋方式」かの違いです。

西洋では主に「南北東西」のように北と南が優先され、東洋では「東西南北」のように東と西が優先されます。

日本の場合はどちらも採用しているため、両方の言い方ができてしまったと考えられます。

風水では「東南」や「西北」のように東と西を頭に持ってくることが一般的ではありますが、この本では混乱を避けるため「北東」「北西」「南東」「南西」のように表記を統一しています。

この章のおさらい

●北は、静かな場所に適しているため、寝室や書斎がよい。

●北東は、鬼門であるいっぽうで、一発逆転の方位でもある。実力より高い偏差値の志望校を狙うなら、机の向きを北東にするとよい。

●東は、朝一番の新鮮な気や新鮮な情報がもらえる方位である。子供部屋やキッチンなどがよい。

●南東は、太陽のエネルギーをもらえる方位である。家族全員で過ごすリビングには最適だ。

●南は、太陽のエネルギーが盛んな方位である。
子供の遊び場としては「大吉」だが、勉強部屋としては「凶」。
また、南に太陽を遮る高層建築物がある家は、家相として「凶」である。

●南西は、家族の中で「母」にとっての吉方位である。
妻や姑の部屋にするとよい。

●西は、金運アップの方位である。
西の部屋、壁や窓には、金運を上げる白・黄色・ベージュの色を取り入れるとよい。

●北西は、家族の中で「父」にとっての吉方位である。
父親が過ごす部屋や書斎にするとよい。

第6章

陰陽五行説と、家の設備の考え方

「陰陽五行説」を知ると、風水がよりわかる

陰陽五行説《いんようごぎょう》というのは、陰陽説と五行説から成り立っています。

陰陽説とは、**この世は陽と陰で構成されている**という考え方です。

世の中は、プラス（陽）とマイナス（陰）で成り立っていて、男は陽、女は陰で表すのが基本です。

四〇〇〇年前の中国では、男尊女卑が当たり前だったので、男性を陽、女性を陰と取ります。

男女平等の考え方がない時代なので、女性の方には、なにとぞご理解いただけたらと思います。

五行説は、**森羅万象すべてのものは、木《もく》・火《か》・土《ど》・金《ごん》・水《すい》の五つの元素（エレメン**

ト）から構成されているという考え方です。

金は、木・火・土・金・水と言うときだけは「ごん」と読みますが、それ以外のときは、普通に「きん」と読むので、注意が必要です。「ごん」だと八卦の一つの「艮《ごん》」と、聞き間違えてしまうためです。

木・火・土・金・水の関係を知ることで、風水の考え方を根本から理解することができるようになるのです。

「五行」には、相生・相剋の関係がある

五行（木・火・土・金・水）には、相生《そうしょう》、相剋《そうこく》、比和《ひわ》という三つの関係があります。

この三つの関係性を表しているのが、下の図です。

では、それぞれ一つずつ、解説していきますね。

相生・相剋の関係

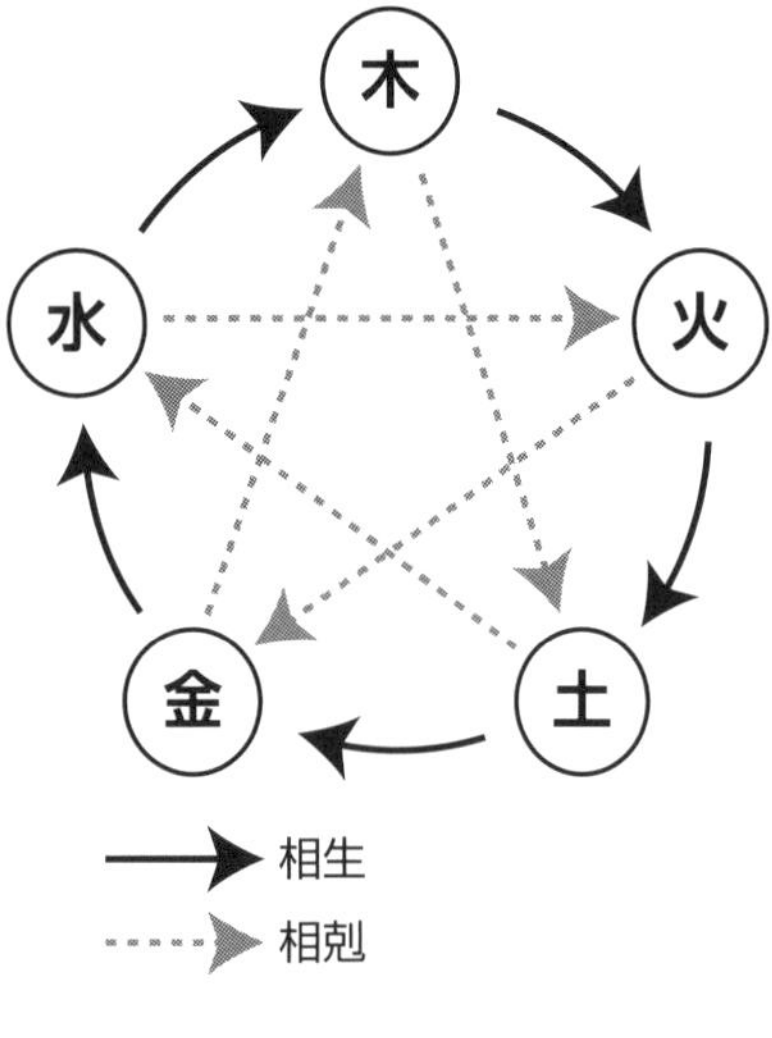

「相生」は、相手を生じる関係を指す

相生と相剋が、五行の関係性では大切になってきます。

相生は、「相手を生じる関係」を指し、五種類あります。

木生火《もくしょうか》……木は燃えて、火を生む

火生土《かしょうど》……火はモノを燃やして、土を生じる

土生金《どしょうきん》……土の中から、金（鉱物）が生まれる

相生図

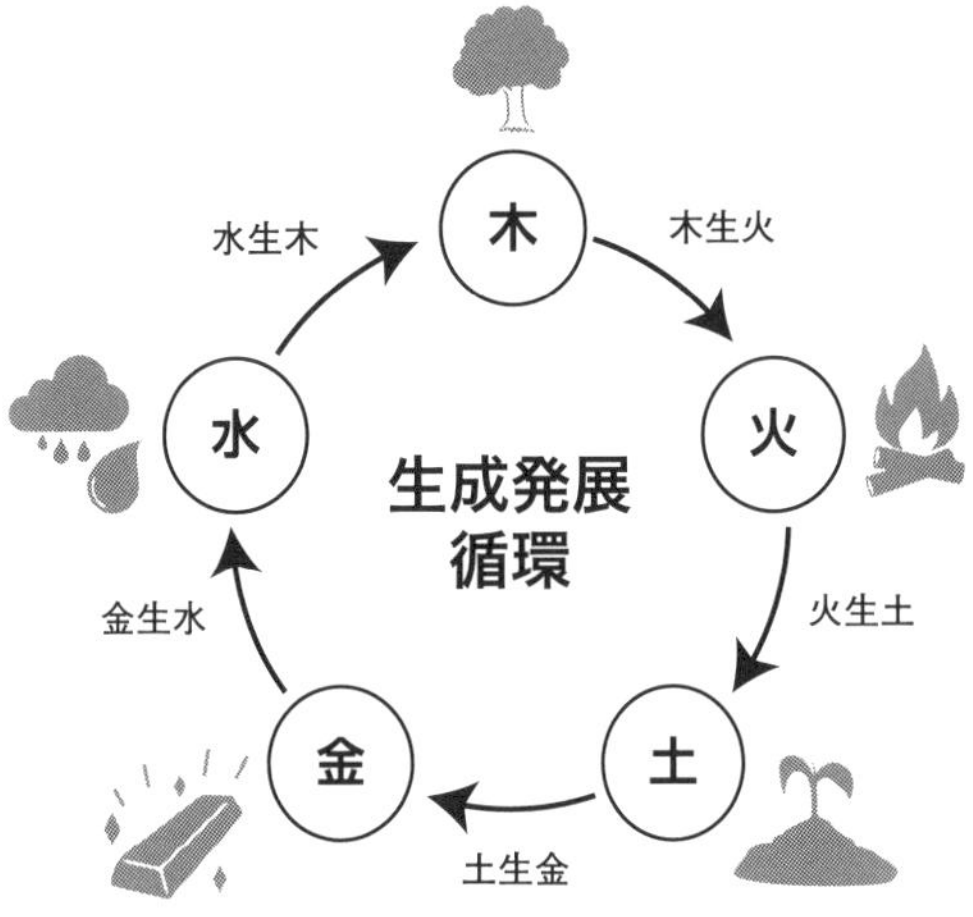

金生水《きんしょうすい》……金属の表面には、冷えて水（水滴）が生じる

水生木《すいしょうもく》……水は養分となって、木を生じる

このように、相手を生じる（相手にプラスを与える）関係が、相生なのです。

「相剋」は、相手を剋す関係を指す

相剋は、相手を剋《こく》す（やっつける）関係のことです。

こちらも五種類あります。

木剋土《もくこくど》……木は、根を地中に張って、土の養分を奪い取る

土剋水《どこくすい》……土は、水を濁らせる

水剋火《すいこくか》……水は、火を消す

火剋金《かこくきん》……火は、金属を溶かす

金剋木《きんこくもく》……金属製の斧は、木を切り倒す

相生が相手を生じる、自分が生じるという関係なのに対して、相手を剋したり、相手から剋されたりする関係が、相剋なのです。

相剋図

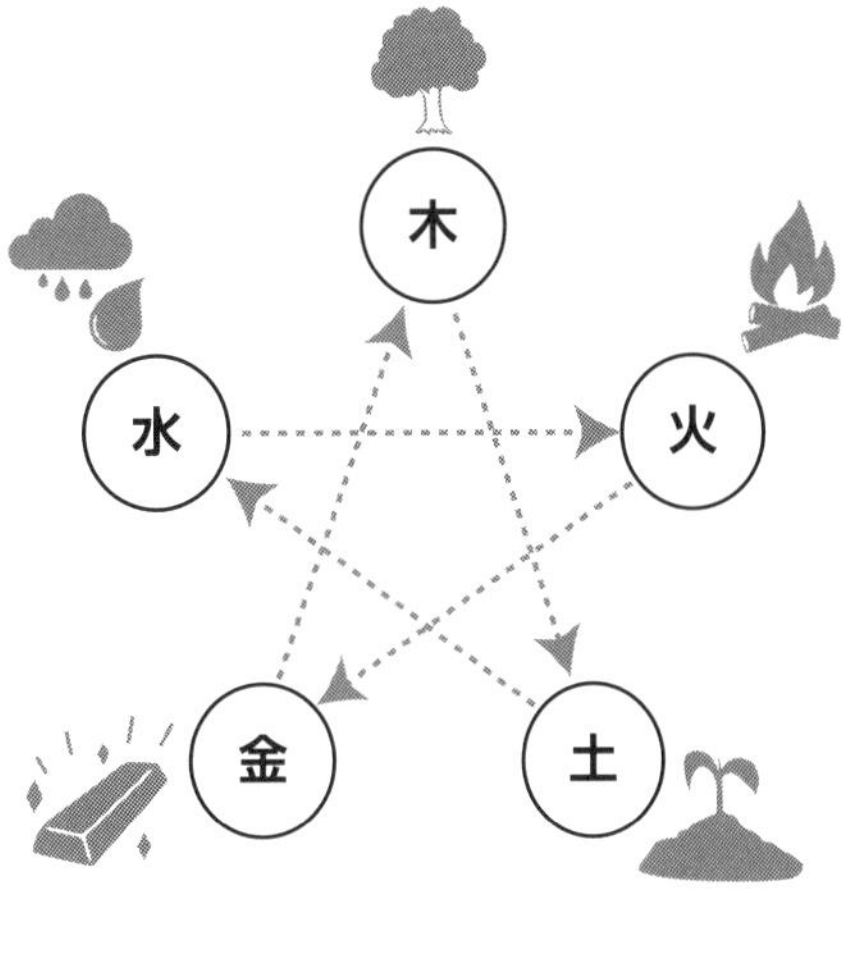

COLUMN

五行のもう一つの関係「比和」とは

五行の関係の一つ、「比和」とは、同じ気が重なることを指します。つまり、木と木、火と火、土と土、金と金、水と水の関係です。同じ気が重なれば、活性化されてよりよい運気をもたらしますが、いっぽうで気が「過ぎ」れば、より悪い運気をもたらします。

たとえば水と水の場合、活性化されて潤いますが、「過ぎ」れば溢れ、洪水などの災害に見舞われてしまいます。

また、木と木の場合は、活性化されて豊かな森に恵まれますが、「過ぎ」れば陽差しや風が遮られ、やがて枯れたり荒れたりしてしまいます。

五行では、相生・相剋の関係が重視されますが、比和の関係もあることを覚えておきましょう。

建物にも、五行がある

建物にも、五行が存在します。

・木（長方形の建物）

長方形の建物は、オーソドックスでよい建物とされます。

・火（三角形の建物）

三角形の建物は、火のように、攻撃性が強い建物です。

相手を攻撃しようと思うときには「吉」ですが、自分が攻撃される側になるのであれば、「凶」となります。

・**土（正方形の建物）**

忍耐力があり、安定を表す建物です。

自分を守りたいときは、正方形の建物を使うのがよいでしょう。

・**金（円形・半円形の建物）**

円形・半円形ともに、拡張したり、発展したりすることを表す建物です。

六本木ヒルズも円形の建物ですが、実際に見ると、発展を表しているように感じるでしょう。

・**水（変形の建物）**

左右がアンバランスな建物だったり、凹凸が激しい建物は、水で表します。

水は、どんな形の器にも入るからです。

こういう建物に住んでいると、気持ちが不安定になったり、落ち着きがなくなったりします。

木（長方形の建物）とは逆に、「凶」の建物となります。

このように、建物にも、五行があると捉えることができるのです。

土地にも、陽の土地と、陰の土地がある

建物も五行に分けられるという話をしましたが、土地そのものも、陰陽に分けられます。

「過ぎる」ことがよくないと言いましたが、陽の気が強過ぎても「凶」となりますし、陰の気が強過ぎても「凶」となります。

陽が強過ぎる土地としては、線路沿い（新幹線沿い）、交通量が多過ぎる道路沿いは、「凶」です。

線路沿いは、電車の音がうるさいので、よくありません。

交通量が多くても、騒音があるので「凶」となります。

また、意外だと思うかもしれませんが、タワーマンションの最上階も「凶」とされます。

ただでさえ高さがあるタワーマンションの、一番上なわけですから、これも「過ぎる」ということになってしまうのです。


陰の気が強過ぎる場所としては、風通しが悪い土地だったり、隣に大きな建物があって日陰になってしまうところは、「凶」です。

当然のことですが、誰も住んでいないゴーストタウンは「凶」です。

墓地を壊して、その上に建てた家も、「凶」です。

埋立地も、もともと地面がなかった場所なのですから、よくありません。

このように、**「過ぎる」土地というのは、陽でも陰でも「凶」**と捉えるのです。

相性のよい色を使えば、運気を高められる

まず、五行の色をご説明します。

九星ごとに、五行が割り当てられていて、それぞれ、方位によってラッキーカラーがあります。

風水以外の用途であれば、このままのラッキーカラーでかまいません。ですが、風水の場合は、さらに相生を使ったラッキーカラーも使っていくことになります。

九星ごとの五行と色

九星	五行	色	卦	性質	家族	方位	数理
一白水星	水	白、黒	坎	水	中男	北	1, 6
二黒土星	土	黄、黒	坤	地	母	南西	5, 10
三碧木星	木	碧、青	震	雷	長男	東	3, 8
四緑木星	木	緑、青	巽	風	長女	南東	3, 8
五黄土星	土	黄	なし	なし	なし	中央	5, 10
六白金星	金	白、金	乾	天	父	北西	4, 9
七赤金星	金	赤、白金	兌	沢	小女	西	4, 9
八白土星	土	白、黄	艮	山	小男	北東	5, 10
九紫火星	火	紫、赤	離	火	中女	南	2, 7

まず、木生火《もくしょうか》から見ていきましょう。

・**木生火《もくしょうか》**

南の方位は、「離《り》」であり、火です。

本来の南のラッキーカラーは紫と赤です。

ですが、ここに紫と赤の色を置くと、火が「強過ぎる」ことになってしまい、火事の原因にもなります。

木は燃えて、火を生みます。

そう。火を生じるのは木なのです。

なので、あえて、南には木のカラーである緑のカーテンにしたり、緑の観葉植物を置いたりするのが「吉」なのです。

・**火生土《かしょうど》**

土は、北東・南西の方位、つまり、鬼門と裏鬼門です。

本来の北東のラッキーカラーは、白と黄色。

南西のラッキーカラーは、黄色と黒です。

ここに土の色を置いてしまうと、「過ぎる」ことになるので、土を生じさせる色を置きます。

火はモノを燃やして、土を生じます。

なので、紫と赤を、北東と南西に置くのが吉となります。

・土生金《どしょうきん》

北西と西が、金です。

お金を生じる方位が、北西と西、特に西はお金の方位です。

お金の場合は、「過ぎる」はオーケーです。

「お金持ち過ぎる」というのは、むしろ、風水をしていく上で、目指す境地です。

なので、西には、白と黄色がよいとされます（本来は赤もいいのですが、お金のイメージとしては、白と黄色なので、この二色を使います）。

また、土の中から、金（鉱物）が生まれますので、土の色であるベージュもよいとされています。

・金生水《きんしょうすい》

北の本来のラッキーカラーは、白と黒です。

金属の表面には、冷えて水（水滴）が生じますので、金生水《きんしょうすい》で、金を表す黄色や金がいいのではないかと思ってしまうかもしれません。

ですが、お金を失ってまで、水を生じるということになってしまうので、黄色や金を北に使うのはよくありません。

風水をするのは、成功してお金持ちになるという目的が主なのですから、金運を失うことは、しないほうがいいと考えます。

なので、北は、本来のラッキーカラーどおり、白と黒をラッキーカラーとします。

こういうところが、風水の面白いところだと思うのですが、いかがでしょうか。

・水生木《すいしょうもく》

南東と東が、木の方位です。

こちらも、木があったほうが、家にとって景観がいいので、木を表す緑がラッキーカラーです。

碧も（「三碧木星」、と碧が入っているように）ラッキーカラーです。

また、イレギュラーではありますが、東は赤がラッキーカラーです。

太陽とともに、仕事運が上昇するというところから、東に太陽と同じ赤いものを置くことで、仕事運がアップすると言われているのです。

まとめると、１１５ページのような図になります。

このように、ラッキーカラーも、ロジックがわかっていると、理解しやすくなるのです。

相生を使った
方位ごとのラッキーカラー

南

南東 **緑、赤**	南 **緑**	南西 **赤、紫**
東 **赤、緑、碧**		西 **白、黄色 ベージュ**
北東 **赤、紫**	北 **白、黒**	北西 **白、黄色**

東（左）　西（右）

北

相生を使った方位ごとのラッキーカラーは、九星ごとの本来のラッキーカラーとは異なる場合があります。本来のラッキーカラーについては、110ページ「九星ごとの五行と色」参照。

この章のおさらい

●この世は相反する陽と陰で構成されているとする「陰陽説」、森羅万象すべてのものは木・火・土・金・水の五つの元素から構成されているとする「五行説」。
この二つの考えを掛け合わせたものが「陰陽五行説」である。

●五行には、相手にプラスを与える「相生」の関係と、相手をやっつける「相剋」の関係がある。

●建物には五行がある。
木（長方形）、土（正方形）、金（半円形）はよい建物だが、水（変形）は「凶」の建物。

いっぽうで、火（三角形）は攻撃性が強く、「吉」にも「凶」にもなる。

●土地には陽と陰がある。
陽の土地も陰の土地も、「過ぎる」ことで「凶」となるため、注意が必要である。

●九星ごとに五行が割り当てられており、方位によってラッキーカラーがある。
ただし、風水で家相をみる場合は相生も考慮するため、本来の方位のラッキーカラーが、よくない色とされることもある。

木
火
土
金
水

第7章

間取り風水術
——どの方位に、どの部屋があるべきなのか

玄関は、鬼門を避け、東か南東にする

間取りを風水で考えたときに、最も大切な場所が、二つあります。

一つが玄関で、もう一つが寝室です。

玄関は、「気」が入ってくる場所なので、大切です。

寝室は、二十四時間のうちの三分の一を過ごす場所なので、重要だというわけです。


では、玄関はどの方位がいいのでしょうか。

まず、避けるべきなのが北東（鬼門）です。

鬼が入ってきてしまう場所なので、北東の玄関だけは避けましょう。

「どうしよう。北東の玄関の家に住んでしまっている」という方は、玄関に八卦鏡などの、鬼を跳ね返すようなグッズを置いて対処する必要があります。

玄関に向いている方位として、第一位が南東、第二位が東です。
南東は、「巽《そん》」で風を表しています。
風通しがよい家になるので、「大大吉」なのが南東の玄関です。
第二位は東です。
太陽が昇る方位なので、上昇運が手に入ります。
「玄関は、鬼門を避けて、南東ならば大大吉、東も大吉」と覚えてくださいね。

寝室は、北と東がベストだ

寝室は、一日に八時間寝るとすると、人生の三分の一を過ごす場所になります。
寝ている間にお金持ちになるために、寝室の方位を大切にしましょう。

寝室に一番いいのが、北です。

静かで、なおかつ、財産がたまる方位だからです。

次にいいのが、東です。

太陽が昇る方位なので、朝、太陽が昇るのとともに、起きることができるからです。

朝の太陽エネルギーをチャージできるので、寝室にもいいです。


逆に、一番よくないのが南の寝室です。

南は、昼間の日差しが強いので、布団が熱くなってしまって、焼けてしまう危険性もあります。

静かなところを寝室にするべきなのですから、南は寝室としてふさわしいとは言えないのです。


「**寝室は、北と東が大吉**」と覚えましょう。

書斎は、北がいい

書斎も、静かなところで本を読みたいので、北です。

財産がたまる方位でもありますので、本を静かに読みながら、財産を蓄えていくイメージです。

神棚・仏壇は、北か西にする

神棚・仏壇は、静かなところがいいという意味で北が向いています。
また、西もいいです。
というのも、『西遊記』でも西を目指して進んだように、インドやチベットなどの方面に、ブッダがいたと考えるため、西がいいのです。

もし、あなたがイギリスに住んでいたら、仏壇は東ということになります。

なお、あなたがキリスト教徒で祭壇を構えたい場合は、現代仏壇を利用して家庭祭壇を作ることも可能です。

神棚・仏壇に関しては、その神様がいる方角か、北かのどちらかにするのがいいでしょう。

風呂・トイレは、消去法で方位を決める

お風呂・トイレに関しては、特に吉方位というのは存在しません。

消去法で、凶方位を外していくのがセオリーです。

まず、北は「坎《かん》」で、水を表しています。
水場に水場であるお風呂・トイレは、「過ぎる」ので「凶」です。
南は、「離《り》」で、火を表しています。
水剋火で、火を消してしまう方位なので、南も「凶」です。
北東・南西も、土なので、「土剋水」で「凶」です。
お風呂・トイレは、北・南・北東・南西以外で、まず考えます。

次に、東四命の方・西四命の方ともに、今度は、自分にとっての凶方位にお風呂・トイレを配置するようにします（そもそもの凶方位を外し、自分にとっての凶方位に置く、ということになります）。

結論として、東四命の方は、北西か西、西四命の方は、東か南東をお風呂・トイレにするのがいいことになります。

一人暮らしではない場合は、家長が東四命、西四命かで判断します。

とはいえ、二人以上で住んでいる場合は、そこまで気にせずに、北・南・北東・南西以外にすることだけを考えたほうがいいでしょう。

この章のおさらい

●風水で間取りをみる際、最も大切な場所は、玄関と寝室である。

●玄関は、鬼門を避けること。
南東は「大大吉」、東は「大吉」である。

●寝室は、北と東が「大吉」である。
南は日差しが「過ぎる」ため、よくない。

●風呂・トイレには吉方位がない。
まず、凶方位である北・南・北東・南西を避け、次に、自身の四命（東四命または西四命）をみて、自分にとっての凶方位に風呂・トイレを置くとよい。

第8章

目的別風水術

金運は、「西→北東→北」の順番で上昇させる

金運を上げること。

そう。金運アップこそ、風水の目指すところです。

「環境を整備することで、いかにお金持ちになっていくか」というのが風水という学問だからです。

「金運の方位は、どこですか？」と聞かれたら、私は「三つある」と答えます。

まずは、西です。

稲穂が実って、収穫できるというイメージが、西の方位だからです。

家の中で、西の方位が物でぐちゃぐちゃになっていたり、汚くなっているのは、金運を下げます。

まずは、西を綺麗にするところから始めましょう。

綺麗にしたら、白か黄色のものを置きます。

カレンダーでもポスターでも、置物でもかまいません。

西に、白か黄色のものを置くことで、お金が入ってくる流れを作ることが、最初に大切です。

お金ができたら、そのお金を元手に一発当てなければいけないので、「一発逆転の方位」である、北東の方位を大切にします。

私の場合は、「北東に引っ越す」ということをして、金運を上げましたが、引っ越さなくても、北東の部屋にいる時間を長くしたりと、北東を大切にしていくことで、一発当てることができると考えてください。

一発当てた後は、その財産を守り、着実に伸ばしていかなければいけません。

なので、財産の方位である北を大切にしていくというわけです。

「**金運は、西↓北東↓北という順番で、ホップ・ステップ・ジャンプをしていく**」と、覚えてくださいね。

浪費癖は、南で抑える

南は、「離《り》」、すなわち火の方位です。

お札が火で燃えていくように、パーッとお金を使って、浪費してしまう方位です。

南の方位が汚かったりすると、浪費癖がついてしまう危険性があります。

お金が入ってくる方位は西ですが、**無駄にお金の出て行く方位は南**です。

お金が入ってくる流れを作り、お金が出ていく流れを減らすのが、お金を貯める秘訣です。

南に赤いカーテンをつけたりしてしまうと、火がさらに強くなります。

南には、緑のカーテンで、落ち着いた雰囲気にしていきましょう。

恋愛運・結婚運は、南東が鍵になる

南東の方位を大切にすることで、恋愛運・結婚運が上がります。

南東は「巽《そん》」の方位で、恋愛・結婚を表しているからです。

南東の部屋を自分の部屋にする、南東に緑の観葉植物を置くなどがいいでしょう。

南東が汚いと、恋愛運・結婚運は落ちますので、綺麗にしておくことは大前提となります。

「**南東を制するものが、恋愛運・結婚運を制す**」と覚えてください。

出会い運アップは、北の方位を使う

「そもそも恋愛にさえならない」、「好きな人ができない」とお悩みの方は、北の方位を大切にすることで、開運します。

北は、方位でいうと、「子《ね》」に当たります。十二支の最初が「子」なので、「始まる」という意味を表すのが北の方位だからです。

北は、白と黒がラッキーカラーではありますが、あえてここに、赤やオレンジなどの暖色系のものを置くと、「恋愛が始まる」という意味になり、出会い運がアップします。

イレギュラーな方法ではありますが、こういう開運方法も、風水ではアリなのです。

「小さい子供がいます。よい子に育てたい」という場合は、北東の部屋にする

小さな子供（〇歳～六歳）にとって一番いいのは、北東の部屋です。
家を継ぐ子供にとってもいいですし、女の子にとっても、子孫繁栄の方位なので、北東の部屋を子供部屋にするのがいいでしょう。

その上で、悩みがある場合は、部屋を変えていきます。

「うちの子には、集中力がなくて困っている」という場合は、集中力が高まる静かな方位である北の部屋にします。

「なかなか友達ができなくて困っている」という場合は、南東の部屋にします。
南東は「巽《そん》」で、風を表しているので、人間関係の風通しもよくなるので、友達ができやすい方位となります。

「性格がおとなしくて困る」という場合は、南の部屋です。

太陽が一番当たる、「離《り》」（火）の方位なので、子供の性格が活発になります。

逆に、「子供が活発過ぎて困る」という場合は、南の部屋にはしないほうがいいでしょう。

そもそも活発な子が、さらに活発になって手がつけられなくなります。

「やる気がなくて困っている」という場合は、東の部屋です。

太陽が昇る方位なので、やる気もみなぎってくることでしょう。

○歳～六歳の子供にとっては、まずは北東の部屋を考え、そうでなければ、北・南東・南・東を考えましょう。

夫婦仲をよくしたい場合は、北を明るくする

夫婦仲を司る方位は、北です。

すべての始まりは北であり、家庭を始めるのは夫婦です。夫婦円満であってこその家庭なので、北を綺麗にすることで、夫婦仲がよくなります。

恋愛運・結婚運と同じで、北を、オレンジや赤で明るくすることで、夫婦が仲よくなることもあります。

北に玄関があると、そこから夫婦のどちらかが出ていってしまう可能性があるので、夫婦仲がよくない家庭で、北の玄関は避けてください。

北に、人が出ていけるくらいの大きな窓があっても、よくありません。

北に「欠け」がある家も、夫婦仲が悪くなるので、避けましょう。

また、金運を司る西の方位に玄関・人が出ていけるくらいの大きな窓があると、お金が逃げていってしまいますので、金銭問題が原因の夫婦喧嘩に発展してしまいます。「夫のことが嫌いだ」という妻も、「一億円あげるよ」と夫から言われたら、機嫌も直るに違いありません。

お金がないことによる夫婦喧嘩は多いはずですが、逆に考えれば、金運アップをすることにより、夫婦仲がよくなるケースは十分に考えられるのです。

この章のおさらい

●金運を上げるには、環境の整備が大前提である。その上で、まずは西、次に北東、そして北の順で、環境を整備していくとよい。

●南は火の方位であり、お金の浪費につながりやすい。浪費を防ぐには、まず環境を整え、「過ぎる」赤いカーテンは避けること。

●南東は「巽《そん》」、恋愛・結婚を表す方位である。南東を綺麗にすることが、恋愛運・結婚運アップにつながる。

●小さな子供にとって一番いいのは北東の部屋だが、子供の性格や抱える問題に合わせて、北・南東・南・東も検討するとよい。

●夫婦にとって重要な方位は、北である。北を綺麗にすることは大前提として、さらに玄関、大きな窓、欠けがある家は避けること。同様に、金運を司る西に玄関や大きな窓がある家も、避けたほうがよい。

第9章

すぐにできる！簡単風水術

玄関には、玄関マットを敷くのが「吉」だ

風水で大切なのは、玄関と寝室です。

玄関は、「気」が入ってくるところであり、寝室は、人生の三分の一を過ごす場所だからです。

玄関と寝室の風水術は、知っておいて損はありません。

まずは、玄関の風水術です。

玄関マットを敷くのは、「吉」です。

というのも、気が流れてくるわけですから、気をお出迎えする気持ちを表すために、玄関マットを敷いたほうがいいのです。

靴を脱いで、玄関マットを経由することで、靴下の裏についた邪気を払うことがで

きます。

靴は、人間の邪気が足の裏から放出されるということもあり、三ヶ月に一度は捨てることをお勧めします。

高価な靴を長く履き続けるのではなく、靴は使い捨てだと思って、安い靴をたくさん買って「履き捨てていく」のがオススメです。

私の場合は、同じ靴（安いもの）を一〇足くらい買っておいて、一ヶ月〜三ヶ月に一度のペースで履き捨てていっています。

靴は、三ヶ月以内に、どんどん捨てていくのが、「吉」なのです。

玄関の正面に鏡は「凶」、玄関の正面に窓も「凶」だ

玄関の正面に鏡があると、いい気が跳ね返されてしまいます。

なので、玄関の正面の鏡は、「凶」です。

鏡は、玄関に向かって左にするなど、玄関から入った瞬間に、正面に鏡が見えないようにしましょう。


また、玄関を開けて、正面に窓があるのも「凶」です。

玄関から気が入ってきて、すぐに正面へと出ていってしまうからです。

もし、正面に窓がある場合には、カーテンを常に閉めておくなどの対策が必要になります。

玄関からの気を、室内にとどめておくことが大切なので、正面の窓も「凶」なのです。

寝室は、南枕ではなく、北枕にする

「北枕は縁起がよくない」と考えている人がいますが、**風水的には、北枕が「吉」**です。

頭寒足熱という言葉がありますが、頭は寒いほうがいいので北向きがよく、足は温かいほうがいいので南向きにするのがいいのです。

頭を東にするのも、太陽が昇る方位なので「吉」だと覚えてください。

また、ベッドの下には何も置かないのが「吉」です。

ベッドの下のスペースに水気があるものを置くのは、体にも悪いので、絶対にやってはいけません（ベッドの下にバケツを置くなどは、最悪です）。

ベッドの下のスペースを有効活用しようと、使っていない布団や、衣類を入れたくなる気持ちはわかりますが、ベッドの下に何も置かないのが、風水的には「吉」なのです。

ベッドのカーテンをブラインドにするのは、「凶」だ

寝室においては、**窓を開けて寝るのは「凶」で、閉めて寝るのが「吉」**です。

窓を開けて寝ると、風邪をひく可能性が少しでも出てくるので、よくないのです。

寝室では、カーテンを開けて寝るのではなく、カーテンを閉めた状態で寝ましょう。自分が無防備に寝ているところを、通りがかった人に見られる可能性をゼロにする必要があるからです。

邪気が窓から入ってくるのも防ぎたいので、カーテンを閉めて寝ることを習慣にしましょう。

よくないのは、ブラインドです。

ブラインドは、きちんと閉めたとしても、隙間から光が入ってしまうので、「凶」です。

寝室には、カーテンが「吉」なのです。

トイレは、便座の蓋を必ず閉める

トイレは、便座の蓋を閉める習慣をつけましょう。

便座の蓋が開いていると、大腸菌などの汚い菌が、トイレの中をうようよしていることになるので、「凶」です。

トイレを流すときも、蓋を閉めてから流しましょう。

蓋を閉めないで流すと、トイレの中に、菌が溢れることになります。

当然ですが、トイレのドアも、開け放しは「凶」です。

トイレの中に立ち込めている菌が、廊下に漏れ出してしまうからです。

トイレの蓋も、トイレのドアも、どちらも閉めてある状態にするのが、トイレ開運法なのです。

トイレに本は、「大凶」だ

トイレで読書をしようと、トイレに本を置いている人がいます。

トイレに本は、「大凶」です。

トイレに本があると、トイレの中に漂っている汚い菌が、本の紙に吸収されてしまいます。

その本を他の部屋に持っていくと、トイレの菌が拡散してしまいます。

何年も同じ本をトイレに置いていたら、何年分もの菌が閉じ込められている本が存在することになります。

トイレにカレンダーも、あまりいいとは言えません。

カレンダーの紙に、菌が付着してしまうからです。

とはいえ、カレンダーは、トイレ以外のところに持っていくことは少ないと思いますので、本よりは「凶」の度合いは少ないと言えます。

トイレにカレンダーがあると、計画を立てたくなってしまいます。

ですが、トイレで計画を立てるのは「凶」です。

汚い場所で計画を立てるのは、よくないと考えられているからです。

「トイレに本は大凶、カレンダーは凶」と覚えておいてください。

洗面所の鏡は、常に綺麗にしておくのが「吉」だ

洗面所の鏡は、自分の顔を映し出すものです。
洗面所の鏡に、歯磨き粉が散らばってついているのは、映し出される顔も、汚くなってしまうので「凶」です。

自分の顔が映るものなのですから、鏡は綺麗にしておくのが、「吉」なのです。

風呂場にあるシャンプーを床に置くのは、「凶」だ

お風呂のシャンプーは、台の上に置きましょう。

床に置くと、シャンプーの底の部分にカビが生えてしまうこともあります。

石鹸も、同様に、お風呂の床に置いてはいけません。

体を洗うものなのに、汚い菌がついてしまうからです。

シャンプー、石鹸は、台の上に置くのが「吉」なのです。

冷蔵庫にシール・写真・予定表を貼るのは、「凶」だ

冷蔵庫は、マグネットでいろいろなものが貼れます。
だからと言って、何かを貼ってはいけません。
冷蔵庫は、冷蔵庫としての役割だけに限定させるのが「吉」です。

シールを貼るのは、「余計なものがくっついている」ことになるので、よくありません。

写真を貼るのも「凶」です。
冷蔵庫は、冷やすためにあるものなのですから、写真を貼ると、その人との人間関係が冷え込むことを意味してしまいます。

親との写真、恋人との写真は、決して冷蔵庫に貼り付けてはいけません。

予定表を貼るのも、よくありません。

予定が冷えてしまう、予定が凍り付いてしまうという意味になりますので、せっかくの楽しい予定がなくなってしまったり、仕事のプロジェクトが滞ってしまう可能性もあります。

「冷蔵庫には、何も貼らない」というのが「吉」なのです。

キッチンには、蓋が付いているゴミ箱が「吉」だ

キッチンのゴミ箱は、蓋がついているものを選びましょう。

蓋がついていないと、菌がゴミ箱から飛散してしまうことになるので、不衛生です。

せっかくの美味しい料理に、汚い菌が付着してしまったら、よくありません。
トイレで料理をするのは、直感的に汚いことがわかるので、誰もしないのですが、蓋がついていないゴミ箱がキッチンにある家庭はとても多いのです。

キッチンには、蓋がついているゴミ箱を置くのが、「吉」なのです。

リビングは、黒のものを置かず、木目調にする

リビングは、暖かい空間にする必要があります。
黒いクッション、黒い椅子は、雰囲気が沈んでしまうので、よくありません。
それよりも、木目調のほうが、暖かい感じがするので「吉」です。
メタリックな家具も、よくありません。

人間味がするもののほうがいいので、木でできた家具がオススメです。

鉄でできた家具、コンクリートに囲まれたリビングなどは、一見すると格好よく思えますが、風水的にはよくありません。

リビングは、幸せになるために過ごす空間なので、暖色系だったり、木目調にしていくのが「吉」なのです。

この章のおさらい

●風水で最も大切な玄関には、マットを敷くのが「吉」。玄関の正面に鏡や窓があるのは「凶」である。

●風水で最も大切な寝室は、北枕または東枕が「吉」。カーテンをブラインドにするのは「凶」である。

●トイレは、便座の蓋とドアを必ず閉めること。また、トイレに本を置いておくのは「大凶」である。

●洗面所の鏡が汚いこと、風呂場の床にシャンプーや石鹸を直接置くことは、ともに「凶」である。

●キッチンの冷蔵庫には、何も貼らないのが「吉」であり、ゴミ箱は蓋付きが「吉」である。

●家族が集まるリビングは、暖かい空間にすること。黒を基調とした家具で暗くしたり、メタリック系の家具で冷たくするのはよくない。

あとがき

風水は、成功率100％のメソッドだ

仕事には、失敗がつきものです。
試験も、受かることもあれば、落ちることもあります。
恋愛も、成就することもあれば、上手くいかないこともあります。
そんななか、風水は、なんと成功率100％です。
風水的によい家に住むことであれば、誰にでもできるからです。
「玄関マットを敷いてくださいね」というのは、誰にでもできます。
風水は、高価なグッズが必要なわけではなく、安いグッズで対応できます。

お金がなくてもできるメソッドが、風水です。

「カーテンを閉めて寝ましょう」というのも、カーテンを閉めて寝る習慣をつければいいだけなのですから、誰でもできます。

豪華な家に引っ越さないと幸せになれないわけではなく、方位を気にしたり、色を気にしたりするだけで、幸せになることができるのが風水の魅力です。

年齢も関係なく、スキルも関係なく、生まれつきの才能も関係なく、風水を活用することで、あなたも幸せになれるのです。

さあ。この本に書かれていることを、一つでもいいので、今すぐに実践してみましょう。

風水で成功するのは、次は、あなたの番なのです。

参考文献

・『玄空飛星派風水大全』　山道帰一／著　（ナチュラルスピリット）
・『石井貴士の1分間易入門』　石井貴士／著　（パブラボ）
・『最初からていねいに学ぶ　1分間九星気学入門』　石井貴士／著　（太玄社）
・『易経』（上巻・下巻）高田眞治、後藤基巳／訳　（岩波書店）
・『九星方位気学入門』　田口二州／著　（ナツメ社）
・『すぐできる　よくわかる　即効！風水一覧表』　塚田眞弘／監修　（サプライズブック）

【著者紹介】

石井貴士（いしい・たかし）

1973年愛知県名古屋市生まれ。私立海城高校卒。代々木ゼミナール模試全国1位、Z会慶應大学模試全国1位を獲得し、慶應義塾大学経済学部に合格。1997年信越放送アナウンス部入社。2003年㈱ココロ・シンデレラを起業。日本メンタルヘルス協会で心理カウンセラー資格を取得。『本当に頭がよくなる　1分間勉強法』（KADOKAWA）は57万部を突破し、年間ベストセラー1位を獲得（2009年　ビジネス書　日販調べ）。現在、著作は合計で93冊。累計230万部を突破するベストセラー作家になっている。

［石井貴士公式サイト］
https://www.kokorocinderella.com/

最初からていねいに学ぶ

1分間風水入門

2024年 3 月24日　初版発行

著　者――石井貴士（いしい・たかし）
装　幀――重原　隆
編　集――磯野純子
本文イラスト――KAZMOIS
本文DTP――Office DIMMI

発行者――今井博揮
発行所――株式会社太玄社
TEL 03-6427-9268　FAX 03-6450-5978
E-mail:info@taigensha.com　HP:https://www.taigensha.com/

発売所――株式会社ナチュラルスピリット
〒101-0051　東京都千代田区神田神保町3-2　高橋ビル2階
TEL 03-6450-5938　FAX 03-6450-5978

印刷――中央精版印刷株式会社

ISBN 978-4-906724-94-9 C0011
Printed in Japan